Er streichelt seine Katze mehr als mich!

Manfred Plinke (Hg.)

Er streichelt seine Katze mehr als mich!

edition tieger

Die Deutsche Nationalbibliothek verzeichnet diese Publikation in der Deutschen Nationalbibliografie; detaillierte bibliografische Daten sind im Internet über http://d-nb.de abrufbar.

Coverbild: Javier Joaquin, Getty Images

Design: Sigrun Bönold

ISBN 978-3-86671-065-8

edition tieger
Imprint der Autorenhaus Verlag GmbH

Umwelthinweis:
Dieses Buch wurde auf chlor- und säurefreiem Papier gedruckt.
Druck und Bindung: Westermann Druck Zwickau
Printed in Germany

Inhalt

Carola Wolff

Der Duende

Mein neuer Arbeitgeber hat wunderschöne Hände. Lange, schmale Finger, kräftig und geschmeidig. Tadellos sauber und manikürt. Als er mit eleganter Geste über den marmornen Kaminsims fährt und mir die staubigen Fingerspitzen unter die Nase hält, zucke ich ein wenig zusammen.

»Sehen sie sich das an, Consuela.«

»Si, Señor Schneider.«

Schlampige Arbeit ist auch mir ein Graus. Kein Wunder, dass er meine Vorgängerin entlassen hat. Ich betrachte den großen, schwarzen Flügel, der das gesamte Wohnzimmer einnimmt.

»Sie sind doch hoffentlich nicht allergisch? In zwei Monaten gehe ich auf Konzertreise: Gewandhaus Leipzig, Philharmonie Berlin, Mozarteum Salzburg. Dann müssen sie sich auch um die Katzen kümmern.«

An der Wand steht ein großes, rotes Sofa, auf dem sich zwei zierliche Geschöpfe in den samtigen Kissen rekeln.

»Siamkatzen. Red point. Anastasia of Ping Mai und Celina of Du Chen. Völlig unkompliziert. Einmal in der Woche mit einer Babybürste das Fell pflegen und ihre Hefetabletten nicht vergessen. Spielen sie ihnen eine meiner CDs vor. Sie lieben Musik, vor allem Chick Corea. Mögen sie Jazz, Consuela?«

Nein. Pianist sucht Haushälterin, hieß es in der Anzeige. Das hat mich an meine Großmutter erinnert. Sie war Flamencotänzerin, eine Schönheit zu ihrer Zeit, die mit ihrer Musik lebte und starb. Tanzen konnte ich noch nie, ich habe zwei linke Beine, aber diese traurige, sehnsuchtsvolle Musik habe ich von Anfang an geliebt. »Im Flamenco«, hat Großmutter gesagt, »ist Duende der magische Moment, wenn die Musik deine Seele berührt.« Ich war noch klein, damals, und hatte bis dahin geglaubt, dass ein Duende eine Art Kobold ist. Ein Wicht, der sich gerne in der Nähe von Menschen aufhält und ihnen Streiche spielt. Dass es in der Musik Kobolde gab, war mir neu. »Duende ist wie das Leben selbst: schmerzhaft und süß«, sagte Großmutter immer.

Ob Jazz das auch ist? Señor Schneider rückt seinen Hocker zurecht, setzt sich an den Flügel und spielt. Es ist ein schrecklicher Krach, der meinem Kopf weh tut. Keine Spur von Magie. Ich widerstehe der Versuchung, mir die Ohren zuzuhalten. Das wäre unhöflich. Stattdessen betrachte ich meinen Arbeitgeber etwas genauer. Señor Schneider ist nicht mehr jung und kein schöner Mann. Klein, faltig und von gedrungenem Körperbau. Er erinnert mich an die ewig schlecht gelaunte Bulldogge, mit der ich bei einer meiner alten Stellen so viele Probleme hatte.

Doch während Señor Schneider spielt, verändert sich sein Gesicht. Es verliert den mürrischen Ausdruck, die Falten um Mund und Nase glätten sich und seine Augen scheinen etwas zu sehen, das mir verborgen bleibt. Es muss etwas Schönes sein, denn er lächelt. Warum bringt ihn dieser Missklang zum Lächeln? Dann bemerke ich es: langsam, ganz langsam, schält sich eine Melodie aus dem Chaos heraus, hebt ihre traurige, wunderbare Stimme und triumphiert. Señor Schneiders schöne, schmale Finger streichen über die Tasten, tanzen, locken. Rhythmisch, mitreißend und doch traurig zugleich. Ich vergesse, dass ich 68 Jahre alt bin und jede Nacht von den Schmerzen geweckt werde, die meine arthritischen Gelenke mir bereiten. Ich vergesse, warum ich hier bin. Ich vergesse, zu atmen. Das Zimmer ist erfüllt von Klang, er durchdringt mich bis in mein Innerstes hinein und hebt mich empor. Das Paradies ist Musik. Ich tanze mit den Sternen, wippe auf dem Mond und rutsche den Regenbogen herunter.

»Thunfisch, jeden Tag. Aber frischen, bitte.«

Die Musik ist abrupt verstummt, mein Regenbogen verblasst. Señor Schneider steht auf und setzt sich zu den Katzen auf das Sofa.

»Kommen Sie, Consuela. Machen sie sich bekannt miteinander.«

Ich lasse mich vorsichtig auf den tiefen, viel zu weichen Polstern nieder. Mein Rücken protestiert mit einem kurzen, stechenden Schmerz. Hoffentlich komme ich ohne Señor Schneiders Hilfe hier wieder hoch.

»Anastasia, das ist die kleine Wilde hier mit der braunen Zeichnung. Und die Dame dort drüben, die so tut, als könne sie kein Wässerchen trüben, das ist Celina.«

Zwei Etagen, drei Schlafzimmer, zwei Bäder. Ein großes Wohnzimmer, spärlich möbliert mit teuren Antiquitäten. Silberne Kerzenleuchter. Gemälde. Das alles habe ich gesehen. Sogar das Bild im Schlafzimmer, hinter dem er vermutlich seinen Tresor versteckt hat. Was ich nicht gesehen habe: Kosmetika im Badezimmer. Parfum und Puder. Familienfotos auf dem Kaminsims. Vater, Mutter, Kinder. Keine

Fotos. Keine Frau. Der Pianist wohnt ganz alleine in diesem mit Kostbarkeiten vollgestopften großen Haus. Er und seine Katzen.

»Gefallen Ihnen Ihre Zimmer?«

Ich nicke.

Die kleine Einliegewohnung geht hinten in den Garten hinaus. Zwei Zimmer, Küche, Bad. Mehr, als ich bisher hatte. Ich wünschte, ich könnte hierbleiben.

»Ich brauche nicht viel. Sie halten das Haus in Schuss, kochen mir eine leichte Mahlzeit am Abend. Sonntags haben sie frei. Alles andere nach Absprache.«

Seine Finger tauchen in das cremefarbene Fell der Katze, die sich vor ihm auf den Kissen windet. Zum zweiten Mal an diesem Tag entspannt sich sein Gesicht. Er streichelt seine Katze und sagt träumerisch:

»Es ist alles eine Frage des richtigen Anschlags. Wenn sie die Taste an der entsprechenden Stelle berühren, dann bringen sie das Instrument zum Erblühen.«

Ich sehe zu, wie er fest und doch sanft seine Hand durch das seidige Fell gleiten lässt. Kreisend, lockend, massierend. Über den Rücken der Katze, hinab zur Schwanzspitze und dann zum Bauch. Die Katze schnurrt nicht. Sie singt.

Señor Schneider lächelt und sieht mich an. Seine Augen sind so blau wie die der Katze.

In diesem Moment passiert es. Ich kann ihn fühlen. Die Hand, die sanft meinen Nacken krault, über meinen Rücken hinuntergleitet, meinen Bauch berührt. Finger, die rhythmisch und beharrlich streicheln. Noch nie hat mich jemand so angefasst. Schon gar nicht ein Mann. Es ist schön. Mir wird ganz warm. Und dann explodiert etwas, tief in meinem

Innern. Ein heißer, köstlicher Schmerz, der sich schnell durch meinen ganzen Körper ausbreitet. So etwas habe ich noch nie, in meinem ganzen Leben nicht, gespürt.

»Heute gehe ich aus, Consuela. Kein Abendessen. Die Katzen haben bereits ihr Futter bekommen. Richten Sie sich ein, und dann sehen wir morgen weiter.«

Señor Schneider verlässt den Raum, ohne sich umzudrehen.

Ich betrachte die Katzen auf dem Sofa. Glückliche Kreaturen, die mich aus schmalen Augenschlitzen verächtlich mustern.

»Dumme alte Frau«, scheinen sie zu denken. »Dumme alte HÄSSLICHE Frau. Du hast keine Chance. Er liebt UNS. Nicht dich. Niemals werden seine Finger über deinen Rücken streichen, deinen Bauch berühren, dich um den Verstand bringen, so dass du singen möchtest vor Freude. NIEMALS.«

Anastasia beginnt, ihren Schwanz zu putzen. Celina macht einen Buckel, dreht sich auf ihrem Kissen um und rollt sich zu einer samtigen Fellkugel zusammen. Ich bin entlassen.

Mühsam hieve ich mich vom Sofa hoch und schlurfe langsam durch das Wohnzimmer, am Flügel vorbei und zur Tür hinaus. Wo Señor Schneider wohl seinen Tresor versteckt hat?

»Es wird ein leichter Job, Mama, ganz bestimmt. Der letzte, ich verspreche es dir.« Wenn mein einziger Sohn mich so ansieht, mit seinen braunen Hundeaugen, dann kann ich einfach nicht nein sagen. Ich bin es ihm schuldig. Nach all den Jahren, die er mit seinem Vater aushalten musste. All die Jahre, in denen der kleine Junge zusah, wie ich verprügelt wurde. Bis er irgendwann alt genug war, um zurückzuschlagen. Ich war ihm keine gute Mutter. Ich war schwach. Schwach und ängstlich. Deshalb musste Ramon stark sein. Für uns beide. Mittlerweile ist er zu stark. Es tut ihm nicht gut, all das Geld, das er mit diesen Einbrüchen macht. Irgendwann wird er noch im Gefängnis landen. Aber so lange muss ich ihm helfen. Unter einer Bedingung. Bei all seinen »Jobs«, wie er es nennt, hat Ramon noch nie eine Waffe benutzt. Ich habe es ihm strengstens verboten. Wenn du mit so was ankommst, dann mache ich nicht mehr mit, habe ich ihm gesagt. Das hat er eingesehen. Er braucht mich. Ich schalte die Alarmanlage ab, ich sperre die Hunde ein. Ich bin drinnen und mache die Tür auf. Bisher ist immer alles gut gegangen. Mein Junge war vorsichtig, hat sich auf einen oder zwei »Jobs« im Jahr beschränkt. Und er hat gewartet, bis ich mich im Haus auskannte und ihm auch genau sagen konnte, wo der Tresor ist. Sie haben alle irgendwo einen Tresor. Schmuck, Wertpapiere, sogar Goldbarren. Aber seitdem er dieses Mädchen hat, ist Ramon gierig geworden. Gierig und ungeduldig. Er will immer mehr, damit er IHR schöne Sachen kaufen kann. Bisher hat mir das auch nicht viel ausgemacht. Die reichen Männer, für die ich normalerweise arbeite, haben genug Geld. Die meisten sind versichert. Aber diesmal ist es anders. Señor Schneider ist anders.

Der Tresor ist im Schlafzimmer. Sie verstecken ihn meistens hinter einem Bild. Auf dem Bild im Schlafzimmer ist ein Swimmingpool und ein einsamer junger Mann zu sehen. Das Bild macht mich traurig. Der junge Mann sieht so hoffnungslos aus.

Da Señor Schneider mich heute nicht mehr braucht, gehe ich hinunter in meine Wohnung und probiere den Sessel aus, der direkt vor dem Fenster steht und sogar einen kleinen Schemel hat, auf den ich meine schmerzenden Füße legen kann. Der Sessel ist sehr bequem. Ich schaue auf den Garten hinaus und träume mit offenen Augen. Ich würde gerne hierbleiben. Nicht nur ein paar Wochen oder auch Monate, so lange, bis Ramon kommt. Sondern für immer. Ich könnte dieser merkwürdigen, schrägen Musik zuhören und ihn beobachten, wie er die Katzen streichelt. Mit diesen sanften, sensiblen Fingern. Mir vorstellen, dass er mich berührt, an der richtigen Stelle. Das Instrument erblüht, die Musik… ein Missklang. Schrill und unerträglich. Ich erschrecke, öffne die Augen, weiß nicht, wo ich bin. Fühle weiche Polster unter mir. Alles ist dunkel. Ein Baby schreit. Es hat Schmerzen. Jemand flucht. Langsam kann ich Umrisse erkennen. Ein Fenster. Der Garten. Ich erinnere mich. Das Haus von Señor Schneider. Ich muss eingeschlafen sein in meinem Sessel. Warum kümmert sich niemand um das Baby? Dann fällt es mir wieder ein. Señor Schneider hat gar kein Baby. Was da so schreit, das ist eine Katze.

»Puta de madre!«

Diese Stimme kenne ich. Sie kommt von oben, von Señor Schneiders Wohnung.

»Ramon?«

Warum ist er hier, es ist doch viel zu früh? Habe ich die Tür aufgelassen und kann mich nicht mehr daran erinnern? Ich werde alt. Alt und vergesslich. Und während ich noch meine schmerzenden Knochen die Treppe hinauf zum Wohnzimmer schleppe, höre ich ein schreckliches Geräusch. Dieser Missklang, schon wieder. Derselbe, der mich geweckt hat. Kein Klang eigentlich. Ein Knall. Die Katze verstummt.

Mit klopfendem Herzen öffne ich die Wohnzimmertür.

»Das Scheißvieh hat mich gebissen«, sagt mein Junge vorwurfsvoll. Auf dem Sofa liegen Celina und Anastasia. Die eine hat keinen Kopf mehr und die andere sieht mich aus glasigen Augen an. Ihr fehlt der Hinterleib. Ich spüre Übelkeit in mir aufsteigen.

»Du hast die Haustür nicht abgeschlossen, da habe ich gedacht, ich erledige es gleich heute noch. Wo ist der Tresor, Mama, oben?«

Ich starre auf das kleine, schwarz glänzende Ding in Ramons Hand. Schlucke trocken und versuche, meine Stimme wiederzufinden.

»Keine Waffe, das war die Regel.«

»Komm schon, Mama, sei nicht so altmodisch. Heutzutage braucht man so was. Siehst du doch!«

Er wedelt mit dem schwarzen Ding zum Sofa hin. Ich sehe blutverkrustetes Fell, eine Pfote, die komisch in die Höhe steht.

»Nein. Schluss. Aus. Ich mache nicht mehr mit.«

»Was...? Mama, sei nicht albern.«

Ich drehe mich um und will gehen. Aber ich kann nicht mehr durch die Tür. Denn Señor Schneider steht da und sieht mich mit großen Augen an. Ich habe ihn nicht kommen gehört.

»Was ist hier los? Consuela?«

Sein Blick wandert an mir vorbei, zum Sofa hin. Er wird blass, beginnt zu schwanken. Hält sich am Türrahmen fest.

»Mierda«, brüllt Ramon.

»Nicht fluchen«, sage ich automatisch. Aber ich drehe mich nicht um zu meinem Sohn. Ich sehe Señor Schneider an. Sehe, wie sich seine Augen mit Feuchtigkeit füllen. Dann, plötzlich, macht er einen Schritt nach vorne.

»Was wollen sie, Geld? Der Tresor ist oben. Nehmen sie von mir aus, was sie wollen. Aber sie hätten den Katzen nichts antun dürfen. Das war falsch.«

»Bleiben sie stehen«, sagt mein Junge nervös.

Aber Señor Schneider hört nicht auf ihn.

»Warum die Katzen?«

In diesem Moment begreife ich, was geschehen wird. Es steht alles ganz klar vor meinen Augen. Und so mache ich den entscheidenden Schritt, gerade als Ramon den Finger um den Abzug krümmt. Der Missklang dröhnt in meinen Ohren, aber ansonsten spüre ich nichts. Gar nichts. Aber ich kann alles hören. Ramon, der laut »Mama« schreit. Die Stimme des Chauffeurs, der hereinkommt, meinen Jungen überwältigt und nach der Polizei ruft. Das Letzte, was ich sehe, ist das traurige Bulldoggengesicht meines Arbeitgebers. Dann wird alles schwarz. Einige Zeit lang, einige Ewigkeiten lang, schwebe ich im Nichts. Ich bin ganz ruhig und sehr glücklich. Ramon ist kein Mörder. Und Señor Schneider wird weiterhin Musik machen.

»Ganz genau«, sagt ein feines Stimmchen. »Und das ist dein Verdienst.«

Aus der Dunkelheit ist ein kleines Männchen hervorgetreten. Klapperdürr, mit einer grünen Mütze auf den strähnigen Haaren und einem schiefen Grinsen im Gesicht. Ich habe noch nie zuvor einen Duende gesehen. Aber sie lieben Musik und ganz besonders lieben sie Musiker. Kein Wunder, dass in diesem Haus ein Duende wohnt. Señor Schneiders Musik ist magisch.

»Du hast ihn gerettet, Consuela. Ich kann dir einen Wunsch erfüllen. Aber nur einen. Denk gut nach.«

Der Duende grinst schief.

Ich weiß sofort, was ich will, und ich muss es gar nicht erst laut aussprechen. Die Dunkelheit verschwindet langsam. Ich öffne die Augen und sehe alles. Vor mir steht das Klavier, groß und hoch. Das Sofa ist neu und das Kissen, auf dem ich liege, auch. Señor Schneider kommt und sieht mich zärtlich an. Er fährt mit den Fingern in mein Fell, streichelt mich sanft. Ich schnurre. Jedenfalls macht meine Kehle die entsprechenden Bewegungen. Señor Schneider hebt mich hoch, trägt mich zum Piano hinüber, legt mich vorsichtig darauf ab. Setzt sich hin und fängt an zu spielen. Ich betrachte mein Gesicht in der blank polierten Oberfläche. Strahlend weiß mit schrägen, blauen Augen. Die Töne dringen durch mich hindurch, in meinen Körper hinein. Ein Duende treibt gerne seine Spielchen mit den Menschen. Aber das ist mir egal. Ich kann Michael Schneider fühlen. Seine Hände auf mir, seine Finger auf den Tasten. Seine Musik, deren Rhythmus mich mit Wärme und Leben erfüllt. Aber hören werde ich sie nie wieder.

Ich bin taub.

Ruth Lisa Knapp

Kassandra ist an allem Schuld

Mensch, Hannah, wie konnte denn das passieren? Erzähl doch mal.

Warum jetzt alles den Bach runter ist? Mein Gott, Evi, ich weiß es doch auch nicht. Am Sonntagabend rief Kerstin an. Wir sind ja nicht mehr so eng befreundet, aber sie wollte, dass wir uns wieder mal treffen. Ob ich schon was vorhätte, fragte sie, ob ich mit Richard was vorhätte, und ich: Richard? Der ist nicht mehr da! Das hat sie überrascht, also erklärte ich es ihr: Der ist doch heute ausgezogen. Nicht aus heiterem Himmel. Im Grunde war es so, dass ich ihn rausgeschmissen habe. Wegen Kassandra. Doch, du hast richtig gehört, wegen der Katze. Das musst du dir mal vorstellen, sagte ich: Er kommt nach Hause, Anzug, Krawatte, wie sie es halt von ihm verlangen im Büro. Ich habe gekocht, habe gedeckt, Kerze dazugestellt, Weinglas, Rosen in Vase, ganz Ehefrau einer aufstrebenden Führungskraft. Und er beugt sich nicht etwa über den Tisch, um das gebührend zu bewundern, er beugt sich runter zu dem Viech, das da mit hochgerecktem Schwanz auf ihn zukommt, streichelt es, holt es hoch, küsst es auf die Schnauze. Ich steh daneben, neben meinem Tisch und meinem Mann, und nichts. Dann geht er in die Küche, Dosenöffner, der er ist, gibt ihr was auf den Teller und steht daneben, während sie frisst. Fehlt nur noch, dass er sich runterhockt. Oder den Napf mit auf den Tisch stellt, das fehlte noch! Und ich steh da, Rosen, Wein, Kerze und warte. Jeden Abend, klar doch, seit Wochen. Hinterher kommt er dann, Katze im Schlepptau, löffelt alles stumm rein, was ich auf die Schnelle gekocht habe, bin ja schließlich auch berufstätig, und legt sich aufs Sofa, Katze obendrauf. Ich trage ab, stehe in der Küche dumm rum. Drüben das Idyll, schnurren im Duett, die beiden.

So hab ich ihr das also ausgemalt, aber Kerstin ging darauf gar nicht ein, sie fing an zu jammern: Ach, ich bin auch gerade so deprimiert. Weißt du, Thomas –

Aber das interessierte mich nun gar nicht, ich war ja auch noch nicht fertig und hab ihr erzählt, dass ich die Kassandra damals ins Haus gebracht habe. Kassy haben wir sie genannt und irgendwie edel war die schon.

Wieso war?, fragte sie. Und ich:

Die hat er doch mitgenommen, die ist nicht mehr da.

Ach je, überall kracht es zurzeit, seufzte sie. Du kennst Kerstin ja, immer muss sie alles verallgemeinern. Und depri ist sie auch. Und ich musste dieses Gespräch ganz schnell beenden. Also bot ich ihr an, dass wir uns am Montag im Ithaka treffen, nach der Arbeit. Dann geht's dir bestimmt wieder besser, hab ich sie aufgemuntert.

Sie saß schon im Ithaka vor einem Campari. Irgendwie fertig sah sie aus, die Haare nicht gewaschen, aber ich ließ mir nichts anmerken.

Du Arme, fing sie an, wie konnte das so weit kommen bei euch, aber jetzt muss ich dir gleich was erzählen –

Da hab ich sofort wieder von der Kassy angefangen: Er hat sich in die Katze verguckt! Doch, das gibt's, hat für Kassy die kleinen leckeren Schälchen mitgebracht, Kausticks, Käsedrops, da sieht man doch schon. Für mich nur scheele Blicke. Wie in dem französischen Film mit dem alten Ehepaar. Weißt du, Evi, damit wollte ich sie ablenken, und sie ging auch darauf ein und sagte:

Ja, ich erinnere mich. Da war die Frau auch so eifersüchtig wegen der Katze.

Also, dass du mich eifersüchtig nennst, habe ich mich empört, das ist ja ein Ding!

Und sie: Nimm's mir nicht krumm, es ist nur – Thomas ist auch so komisch die letzte Zeit.

Ach ja? Ich bestellte einen Campari, sie einen zweiten. Thomas schmust aber nicht mit Katzen, beharrte ich. Natürlich habe ich dann ein bisschen übertrieben, wie pervers das war mit Richard und Kassy und dass ich das nicht länger mit ansehen konnte. Erst wollte er nicht gehen, machte auf traurig, aber am Sonntag ist er dann doch zu seinem Bruder ins Apartment gezogen, erst mal. Dort können die drei sich jetzt zusammenraufen, habe ich gesagt, das ist nun nicht mehr mein Bier. Weißt du, Evi, womit Kerstin da rausgerückt ist?

Es hat aber nicht geklappt, meinte sie, jetzt ist Kassandra nämlich bei mir.

Da war ich doch echt überrascht: Wie, Kassy ist bei dir?

Ja, das hätte sie mir doch gleich erzählen wollen. Dass Richard am Sonntagabend spät noch bei ihr angerufen und gefragt hat, ob sie die Katze nehmen kann, weil sein Bruder jetzt einen Hund hat und die Wohnung sehr klein ist und der Hund die ganze Zeit kläfft und die Katze jagt und die Nachbarn sich beschweren kommen. Und dann hat er Kassy gleich zu ihr gebracht.

Ach. Da musste ich erst mal schlucken. Kerstin dachte wohl, dass ich ihr das übel nehme und druckste rum:

Ich konnte doch nicht nein sagen.

Platz genug habt Ihr ja jetzt, meinte ich ganz versöhnlich. Wie ist es denn überhaupt so in dem neuen Haus?

Schön, aber... Aber weißt du was?

Und ich: Nee, nun sag schon.

Thomas geht fremd, flüsterte sie, ich kann mir nicht helfen, ich glaube, er hat eine andere.

Jetzt war es heraus und ich fing an, es ihr auszureden: Bei Thomas ist das doch undenkbar, der ist doch so ein Solider, und nun seid Ihr doch gerade in das Reihenhaus gezogen, das bildest du dir doch nur ein und so weiter.

Aber jetzt fing sie richtig an zu klagen, dass Thomas oft erst ganz spät nach Hause kommt, und letzte Nacht sei er erst morgens aufgetaucht, nur zum Umziehen, dann gleich wieder weg ins Büro.

Und – wo war er? Das rutschte mir so raus.

Aber Kerstin wusste es nicht. Er würde es ihr später erklären, hat er gesagt, und nun werde sie das Gefühl nicht los...

Da wurde mir schon etwas mulmig. Es war auch so heiß in dem Raum, ich fing richtig an zu schwitzen.

Du, ich muss dann mal weiter, sagte ich, das renkt sich schon wieder ein. Ihr seid doch ein glückliches Paar, wollte ich noch dranhängen, aber das verkniff ich mir. Stattdessen sagte ich: Pass gut auf Kassy auf. Ich umarmte sie, zahlte an der Theke, lief heim. Sie tat mir ja leid, aber was sollte ich denn tun?

Gleich rief ich Thomas an und sagte ihm, dass Kerstin Verdacht geschöpft hat und dass er bitteschön vorsichtiger sein soll. Oder dass er es ihr endlich sagen soll. Er wollte noch am gleichen Abend kurz vorbeikommen und alles besprechen, er war ja immer noch dermaßen vernarrt in mich. Er kam auch tatsächlich. Wir waren aber beide irgendwie durch den Wind und ich schlug vor: Komm, lass uns erst mal baden, ich bin ganz schön gestresst heute und du auch.

Also haben wir gebadet. Na ja, und dann ging alles ganz schnell. Thomas war schon im Schlafzimmer, ich war noch im Bad und hab mir die Haare geföhnt, da hörte ich Stimmen im Flur. Ich stelle also den Fön ab, tue mir schnell ein Handtuch um und mache die Tür auf. Da steht Richard im Flur, mit dem Transportkorb in der Hand, und hinter ihm Kerstin. Mein Gott, dachte ich, werd ich die denn niemals los?

Richard ist erschrocken: Hannah – ach, du bist da? Ich hab aufgeschlossen, weil ich dachte, du bist nicht da. Hast du Kassy gesehen?

Ich konnte nur den Kopf schütteln. Das war alles so peinlich, ich hatte ja nur das Handtuch um. Da standen wir. Er drückte sich die Transportbox gegen die Brust und Kerstin nestelte an ihrem Haar herum. Dann wollte sie was erklären:

Entschuldige, dass wir dich hier so überfallen haben, aber als ich vorhin nach Hause kam, war Kassandra nicht mehr da, Thomas hat nämlich die Terrassentür offen gelassen, ich habe sie überall gesucht und dann habe ich Richard angerufen, er meint, Katzen laufen immer nach Hause zurück.

Deshalb wollten wir hier schauen, ob sie – ihr Blick fiel auf das Jackett, das Thomas, verdammter Mist, an die Garderobe gehängt hatte.

Kassy, rief ich, Kassy, bist du da? Was Besseres fiel mir nicht ein. Keine Antwort, natürlich nicht, und genau in dem Augenblick streckte Thomas den Kopf aus der Schlafzimmertür und Kerstin schrie. Evi, du kannst dir nicht vorstellen, wie die geschrien hat! Wie die Frau in der Dusche in dem Hitchcock-Film, schrecklich. Ich zurück ins Bad, die Tür zugeknallt, abgeschlossen, den Fön wieder angestellt. Dann hab ich gehorcht. Die Haustür fiel ins Schloss. Dann war Ruhe. – Jetzt sag du doch auch mal was dazu, Evi!

Wo war denn die Katze?

Das Mistviech? Ist nicht mehr aufgetaucht.

Und Thomas und Kerstin?

Auch nicht.

Und Richard? Der auch nicht? Du Arme!

Petra Sonnenschein

Wie romantisch!

Wie sie ihn mit ihren schrillgrünen Augen verfolgt! Alles an ihr schimmert, ist samtweich, erotisch, verlockend. Ihr geschmeidig federnder Gang und wie sie sich wiegt in den Hüften! Verlockung und Verheißung, wer könnte ihr widerstehen?

Eileen kuschelt sich tief in ihren alten Plüschsessel, sie zieht ihre Knie ans Kinn und beobachtet ihre Konkurrentin.

»Dieses kleine Miststück«, schießt es ihr durch den Kopf, »sie kriegt ihn immer wieder herum. Bevor ich überhaupt die Chance habe, mich an ihn heranzumachen, wirft sie sich an ihn heran und legt ihren Kopf auf seinen Hügel. Wenn ich mir das je erlaubt hätte!«

Schon bei dem Gedanken wird Eileen heiß und feucht. Aber solange dieses Biest sich in ihrer Wohnung aufhält, sieht sie ihre Träume zerrinnen. Als sie Drummer, ihrem schwulen Freund, die hoffnungslose Situation geschildert hatte, fand er, es gäbe nur eine Lösung.

Aber seine Brutalität hatte sie erschreckt. Gegen einen schnellen, schmerzlosen Tod hätte sie nichts einzuwenden, aber nicht mit seiner Methode.

Drummer war in jeder Beziehung fürsorglich und hilfsbereit. Wenn jemand versuchen würde, seine Beziehung mit Wim zu gefährden, würde er ihn gnadenlos aus dem Weg räumen, wie auch immer. In puncto Liebe, findet er, ist jedes Mittel erlaubt.

Bevor sich Eileen mutlos ins Schlafzimmer flüchtet, beginnt die Verführerin auf Toms Schoß sich genüsslich an ihm hochzurekeln. Eileen wirft einen verzweifelten Blick auf das innige Paar und schließt die Tür.

»Vielleicht ist Drummers Ratschlag doch nicht so schlecht«, geht es ihr durch den Kopf. »Außerdem wird er mir bestimmt bei der Beseitigung helfen. Es muss ja kein so tiefes Grab sein.«

Am nächsten Tag scheint ihre Konkurrentin wie vom Erdboden verschluckt zu sein. Eileen atmet erleichtert auf. An ihrem Schreibtisch im Büro träumt sie von einem zärtlich verliebten Abend mit Tom, nur sie beide. Diesmal wird sie ihn erobern!

Sie seufzt glücklich und fährt den PC herunter. Auf dem Nachhauseweg kauft sie eine Flasche Bacardi, Orangen und Zitronen. Sie wird ihm seinen speziellen Drink mixen und heimlich noch einen Schuss Wodka hinzufügen.

Wie hatte sie nur glauben können, dass er ihre leidenschaftlichen Spiele vergessen konnte? Was hat die andere mehr zu bieten? Gut, sie hat faszinierende Augen, samtweiches Haar und einen aufreizenden Gang. Am meisten irritiert Eileen ihre Haltung ihr gegenüber. Sie scheint sie überhaupt nicht wahrzunehmen. Als sie auftauchte, hatte Eileen sich bemüht, sich mit ihr anzufreunden, um sie auf friedlichem Wege schnellstens wieder loszuwerden. Völlig ratlos hatte sie dieses Herumgeschmuse zwischen Tom und diesem kleinen Luder beobachtet. Natürlich war sie davon ausgegangen, er würde bald von ihr genug haben. Aber ihre Hoffnung war vergeblich. Abend für Abend fand sie beide dicht aneinandergekuschelt vor dem Fernseher vor.

Eileen beginnt den koketten Gang und die seltsame Kopfhaltung ihrer Konkurrentin nachzuahmen, um Tom zu beeindrucken. Die Wirkung war aber nicht ganz das, was sie gehofft hatte: Als sie ihm den Broccoliauflauf aus der Küche brachte, versuchte sie den erotischen Gang der Nebenbuhlerin zu imitieren. Tom rief erschrocken: »Mein Gott, was hast du?«, sprang blitzschnell auf und wollte ihr helfen. Während des Essens erkundigte er sich besorgt, ob sie sich vielleicht den Fuß verrenkt habe.

Eileen stellt eines Morgens bei einem nachdenklich prüfenden Blick in den Flurspiegel fest, wie aalglatt ihre Haare herunterhängen. Bisher war sie immer überzeugt, dass dieser Haarschnitt ihr sehr gut stände. Jetzt kommen ihr Zweifel. Sie wünscht sich weiches, wuscheliges Haar, in dem sich Toms Finger verlieren können.

Bevor sie sich zu einem Friseurbesuch entschließt, fragt sie Tom, was er von wuscheligem Haar mit schönen, weichen Locken hielte.

Er liest gerade seine Geozeitschrift. Ein kurzer Blick auf ihre glatten, langen Haare genügt ihm, um ein »Nein, das steht dir nicht« zu brummen.

Abends nach dem Fernsehen, wenn sie im Bett zu ihm hinüberrutscht und sich an ihn drückt, streichelt er sie, jedoch viel zu kurz und mit wenig Leidenschaft, findet sie. Die andere wird mehr und hingebungsvoller gestreichelt, davon ist Eileen überzeugt.

Die Abende vergehen im gleichen Rhythmus und Eileen fühlt sich immer mehr zurückgedrängt und vernachlässigt.

Ihr Entschluss reift. Sie geht in die Apotheke und fragt nach dem Mittel, das Drummer ihr vorgeschlagen hat. Es soll ganz langsam, aber mit tödlicher Sicherheit wirken. Zu Hause versteckt sie es voller Gewissensbisse in der untersten Nachttischschublade.

Sie will vorher ihrer Konkurrentin noch eine Chance geben. Falls sie am kommenden Abend ihren Anspruch auf Toms Schoß aufgibt und sich in den Nebensessel bequemt, ist Eileen bereit, ihr zu verzeihen. Ihr Entschluss steht fest – an diesem Abend fällt die Entscheidung: Entweder sie oder ich!

Die Abendstunden verlaufen in Harmonie. Eileen kuschelt in Toms Armen, von ihrer Konkurrentin ist nichts zu sehen und zu hören. Tom steht auf und führt sie zum Fenster, durch das das Mondlicht fällt. Wie romantisch! Er öffnet das Fenster und beide blicken hinunter in den vom Mondlicht beschienen Garten.

Und da sitzt sie! Eileen scheint es, als ob sie ihr kurz zugeblinzelt hätte. Tom seufzt und flüstert: »Sie ist rollig. So bald taucht sie leider nicht wieder auf.«

Er schließt das Fenster und zieht Eileen auf seinen Schoß.

Susann Obando Amendt

Pfötchenpakt mit Bastet

Wenn es stimmt, dass der Mensch das gefährlichste Raubtier auf diesem Planeten ist, dann bin ich wohl das hinterhältigste. Ich komme, um über Leben und Tod zu entscheiden, und zittere nicht einmal dabei. Moment, versuche ich mir einzureden, als ich die Tür aufschließe und in die Wohnung schlüpfe, ich will sie nicht töten. Ich schicke sie nur dorthin zurück, wo sie hergekommen ist.

Eben!, widerspricht mein schlechtes Gewissen. Nach einem Jahr als behüteter Stubentiger willst du Bastet vor die Tür setzen, sie nach draußen jagen. Was ist, wenn sie verhungert? Das würde Niklas dir nie verzeihen. Niklas!

Mir werden die Knie weich. Ich muss mich auf die Couch setzen und versuche, einen klaren Gedanken zu fassen. Von Bastet ist nichts zu sehen, nicht mal die schwarze Schwanzspitze.

Mein Gott, wie lieb hab ich sie einmal gehabt, ihr silbernes Fell mit den schwarzen Streifen und Tupfen. Wie sehr hat sie mich damals fasziniert. Und erst der Mann dazu!

Vor genau einem Jahr hatte mich ein Spaziergang hier an den Gärten hinter dem Haus vorbeigeführt. Bastet, damals noch Kätzchen, fand ich am Zaun des letzten Grundstücks. Sie hatte sich mit der Pfote in einer Masche des Drahtes verfangen und miaute kläglich. Ich habe sie befreit und bin mit ihr durch das Gartentor zur Terrasse gegangen. Dort saß Niklas vor seinem Laptop und reagierte erst bei meinem zweiten Hallo. Aber als er dann aufgesehen hatte! Noch nie habe ich in so grüne Augen gesehen, Augen mit einer Magie, als könne dieser Mann jeden meiner Gedanken lesen. Ewig hat Niklas mich angestarrt und schließlich das Kätzchen in meinen Händen entdeckt. Ob es mir gehöre, hatte er wissen wollen, und dann erklärt, dass Bastet ihm zugelaufen sei und er versuche, ihren Besitzer zu finden.

Ihr Besitzer ist nie gekommen und das Durch-die-Gärten-Wandern hat Bastet seither bleiben lassen. Immer war sie da, wenn ich kam, auch als mich Niklas gleich am ersten Tag zu einer Tasse Kaffee einlud. Dann, als er für mich kochen, mit mir ins Kino und spazieren gehen wollte, war ich wie verzaubert von seinem Charme, seinen Augen und der Art, wie er zuhörte.

Bis zum ersten Kuss hat es eine ganze Weile gedauert, aber kurz darauf habe ich bei Niklas übernachtet und wenige Wochen später war ich mir sicher, dass er der Richtige ist.

Übernachtet haben wir immer bei ihm, um das Kätzchen nicht allein zu lassen. Doch dieses niedliche Geschöpf verwandelte sich mit der Zeit in ein Wesen, für das das Wort Katze zu harmlos klingt.

Zuerst dachte ich, sie spielt nur, wenn sie mich beim Spielen heftig kratzte und biss. Doch das Kratzen und Beißen hörte auch später nicht auf. Mir schien auch, als würde Bastet jeden meiner Schritte beobachteten. Sie schob sich immer öfter zwischen Niklas und mich, wenn wir schmusten, stibitzte Häppchen von meinem Frühstücksteller oder strich so lange miauend um Niklas' Beine, bis er sie auf den Arm nahm und kraulte. Niklas schien das nichts auszumachen, aber manchmal hatte ich das Gefühl, auch ihm wäre die Katze etwas zu aufdringlich. Aber er ließ sie gewähren, selbst wenn sie nachts zu uns ins Bett kam. Doch dann fiel mir auf, dass Niklas inzwischen seine Katze häufiger streichelte als mich. Seitdem möchte ich sie nur noch am Hals packen und zudrücken. Und damit das nicht geschieht, bleibt nur eins: Bastet muss weg. Immerhin ist sie Niklas nur zugelaufen. Könnte sie ihm dann nicht auch weggelaufen sein, wenn sie plötzlich nicht mehr da wäre?

Ich gebe mir einen Ruck, gehe zur Balkontür und öffne sie weit. Sommer weht herein. Im Garten blühen die Rosen. Sie duften nach Liebe und Zärtlichkeit, nach der letzten Nacht mit Niklas. Und schon ist das schlechte Gewissen wieder da.

Wie kann ich überhaupt daran denken, sie wegzujagen? Niklas liebt sie, so wie er mit ihr spielt, sie auf seinen Schultern durch die Wohnung trägt. Nur – ich liebe Niklas auch. Seine Augen, sein Lachen, seine Zärtlichkeit, bedeuten mir alles. Wäre nur nicht diese Katze, dieser Saboteur auf geschmeidigen Pfoten!

Gestern Nacht lagen Niklas und ich eng aneinandergeschmiegt im Bett. Er hatte sanft mein Gesicht gestreichelt, seine Augen in meine versenkt. Jeder Blick war so ehrlich, jeder ein Versprechen, dass er es ernst mit mir meint. Ich hätte gern mehr gewollt, doch plötzlich hatte sich Bastet zwischen uns gedrängt und mir ihre Krallen in die Seite geschlagen. Als ich aufschrie, hatte Niklas ihr einen Klaps gegeben, dann ist er eingeschlafen. Bastet lag an seinen Bauch gekuschelt und schnurrte – ich habe wach gelegen und im Morgengrauen eine Entscheidung getroffen: Die Katze oder ich.

Bei diesem Gedanken drehe ich mich um und schleiche geduckt durch das Wohnzimmer.

»Miezmiezmiez«, locke ich und fühle mich wie ein Raubtier.

Jagderfahrung habe ich keine, mein silbergrau gestreiftes Opfer lässt sich nicht finden. Ich schaue unter die Couch und unter die Schränke, ich robbe auf allen vieren weiter und schaue im Schlafzimmer unter das Bett. Nichts. Erst zwanzig Minuten später entdecke ich zwei himmelblaue Augen in der Badewanne.

»Da bist du ja«, raune ich, ohne den Blick von der Katze zu lassen. »Hast du nicht Lust, in den Garten zu gehen?«

Aber Bastet lässt sich nicht täuschen, springt über den Wannenrand und läuft aus dem Badezimmer. Im nächsten Moment finde ich sie auf der Couch, wo sie wie eine Statue sitzt und mich aus schmalen Augen anstarrt.

»Na los«, schmeichele ich mit süßer Stimme. »Raus mit dir. Draußen warten Freiheit, Sonne und Bataillone von Mäusen. Dort kannst du tun und lassen, was du willst. Na?«

Bastet rührt sich nicht. Ich presse die Kiefer aufeinander, hole ihr Lieblingsleckerli aus dem Küchenschrank und werfe zwei Stückchen auf die Terrasse. Die Katze bewegt zwar den Kopf, sich aber nicht einmal um eine Krallenbreite auf die Balkontür zu.

Vielleicht kann ich sie hinaustreiben.

Ich versuche es, werfe Bücher, schreie und klatsche in die Hände. Bastet weicht mir jedes Mal aus und sieht mich an, als wäre ich verrückt geworden.

Bin ich das? Ich schlucke und schaue beschämt zur Tür. Wenn Niklas mich jetzt erwischen würde. Unsicher schaue ich zu Bastet, sie kauert auf der Couch und blinzelt zurück. Wie unschuldig sie wirkt! Ratlos gehe ich in die Küche, angele eine Scheibe Käse aus dem Kühlschrank und lege mir einen Kaffeepad in die Maschine. Vielleicht sollte ich meinen Entschluss doch noch mal überdenken, wenigstens eine Tasse Kaffee lang? Mit dem frisch gebrühten Kaffee drehe ich mich um und sehe, wie mein Käse in der Katze verschwindet. Schon springt sie vom Tisch und raus aus der Küche.

Ich hetze hinterher. Eine unbeschreibliche Wut treibt mich an, die Erinnerungen daran, wie Bastet mich bei Niklas verdrängt hat. Schließlich stelle ich sie in einer Wohnzimmerecke und packe sie. Gleich beginnt sie kläglich zu miauen. Es klingt wie damals, als ich sie im Maschendraht gefunden habe. Sofort lasse ich sie los, stolpere rückwärts, bis ich die Couch in meinen Kniekehlen spüre und falle darauf nieder.

Meine Güte, ich hätte es wirklich getan. Ich hätte sie rausgeworfen, vielleicht sogar noch Schlimmeres. Weil ich Niklas für mich alleine haben will. Gottverfluchte Liebe!

Weinend kralle ich die Finger in meine Haare und bleibe auf der Couch hocken, bis ein Schlüssel im Schloss klirrt.

»Was ist denn hier los?«, fragt Niklas, der mit roten Rosen in der Tür steht.

Zuerst bringe ich kein Wort über die Lippen, dann höre ich mich etwas murmeln von Bastet verjagen wollen.

»Was?«

Erschrocken starrt Niklas mich an und ich bin mir sicher, dass er mich anschreien und rauswerfen wird. Stattdessen sinkt er vor mir auf die Knie und nimmt mein Gesicht in die Hände.

»Was ist denn los?«, flüstert er.

»Ich ertrag es nicht mehr«, schluchze ich, während er mir die Tränen von den Wangen wischt. »Dass sie sich ständig aufdrängt und dass ich dich nie für mich alleine hab. Ich habe sogar das Gefühl, dass du in Gedanken mehr bei ihr bist als bei mir. Ich brauche dich doch so!«

Niklas zieht mich in seine Arme. »Und ich brauche niemanden auf der Welt mehr als dich.«

»Und was ist mit ihr?«, frage ich und zeige auf Bastet.

»Bastet ist wie ein kleines Kind«, sagt Niklas und streichelt mein Gesicht. »Kinder tun auch alles für ein wenig Aufmerksamkeit. Und niemand würde sie deshalb rauswerfen.«

»Aber Bastet darf einfach alles!«

Niklas senkt den Kopf, trotzdem sehe ich, wie er rot wird.

»Das habe ich ihr damals auch versprochen«, sagt er und das überrascht mich so, dass ich mich nicht mal wehre, als er mich in den Arm nimmt.

»Dass sie alles darf. Hast du schon einmal etwas von der ägyptischen Göttin Bastet gehört? Sie ist die Göttin der Liebe und wird meist als sitzende Katze dargestellt. Genau so saß meine Bastet eines Tages auf der Terrasse. Der Tierarzt meinte, sie sei eine Ägyptisch Mau, eine Rassekatze. Da konnte ich nicht länger glauben, dass sie mir zufällig zugelaufen ist.

Deshalb habe ich mit ihr einen Pakt geschlossen, mit Pfötchen in die Hand: dass sie alles von mir haben kann, wenn sie mir die Liebe meines Lebens bringt. Und gebracht hat sie dich.«

»Was Verrückteres hättest du mir nicht auftischen können?«, murmele ich, während Niklas mich ins Schlafzimmer trägt.

Er legt mich aufs Bett und sinkt neben mir in die Kissen. Ich lache zwischen seinen Küssen und schlinge die Arme um seinen Hals, da ertönt ein Miau von der Türschwelle her.

Wir wenden gleichzeitig den Kopf und sehen Bastet auf der Schwelle der Schlafzimmertür sitzen, ihre himmelblauen Augen auf uns gerichtet.

Niklas seufzt, nimmt ein Kopfkissen und wirft es gegen die Tür. Sie schwingt zu und fällt vor der aufspringenden Katze ins Schloss.

»Ich glaube, wir sollten unserer Katzengöttin beibringen, dass sie bei der Liebe nicht stören darf«, sagt Niklas und rückt noch näher an mich heran. »Und bei ein paar anderen Dingen auch.«

Sabine Stegmeyer

Eine Katze räumt auf

»Er streichelt sie mehr als mich.«

»Nee, glaub ich nicht. Die Finger von so einem Superweib wie dir lassen? Nee …«

»Doch, doch, das tut er, mein Lieber … und ich bin sehr froh darüber. Schrecklich – die Vorstellung, dass er mit seinen gichtigen Fingern an meinem Körper fummelt.«

»Und warum hast du ihn dann geheiratet?«

»Nun, vor fünfzehn Jahren war er noch ganz passabel.«

»Mit einem passablen Konto.«

»Ja und? Es war ein guter Deal. Wir hatten Spaß miteinander. Er hatte das Geld und ich machte mich gut an seiner Seite.«

»Ha! Kann ich mir vorstellen! Prost!«

Kristall klingt an Kristall, und ein leise schlürfendes Geräusch ist zu hören. Das Feuer im offenen Kamin züngelt in die Höhe wie Schlangen in einer Grube, Flämmchen lösen sich aus den Spitzen und fliehen hinauf in den dunklen Schacht. Warmes Licht breitet sich aus, verliert sich in den hinteren Ecken des hohen Raumes, streicht flackernd über einen Ohrensessel, über Schränke und Bilder und malt die Scherenschnitte zweier Köpfe, eines Mannes und einer Frau, an die Wand. Immer wieder scheinen sie miteinander zu verschmelzen, dann verschwinden sie im Schatten eines Sofas.

»Er streichelt dich nicht?«

»Nein – tut er nicht.«

»Auch nicht hier?«

»Nein …«

»Hier auch nicht?«

Kichern antwortet, und für eine Weile ist nur noch das Knistern des Feuers zu hören. Holz knackt und zerfällt, Kleider rascheln. Und das Kichern verwandelt sich allmählich in Seufzen, in Stöhnen, begleitet von tiefem Keuchen.

Nach einer Weile ordnen sich die Geräusche, unterstützt vom Quietschen des Sofas, und folgen einem gemeinsamen Rhythmus; schneller und härter wird er, bis sich die Sinfonie zu einem Fanal aus Sofageräuschen, kurzen Schreien und Stöhnen hochschraubt.

In der Tiefe des großen Ohrensessels regt sich ein dunkles Fell und entfaltet sich zu einer Katze. Ihre Bernsteinaugen fixieren das Sofa. Aufmerksam bleibt sie sitzen, bis der Lärm abflaut; dann gähnt sie ausgiebig, dass ihre Reißzähne im Feuerschein aufglänzen. Während auf dem Sofa die Atemzüge wieder ruhiger werden, leckt sie sorgfältig ihr Fell. Schließlich dreht sie sich ein, zweimal auf der Stelle und rollt sich so tief im Sessel zusammen, dass sie mit der Dunkelheit verschmilzt. Dann kehrt die Feuerknisterruhe zurück.

Erst als der Morgen seine grauen Finger in die Ritzen zwischen den Vorhängen steckt, quietscht das Sofa von Neuem. Die Silhouette einer Frau wird sichtbar und man hört nackte Füße auf dem Steinboden, als sie zum Fenster geht und einen der schweren Vorhänge beiseite schiebt. Milchiges Licht strömt in den Raum, lässt die warmen Farben des Feuers verblassen.

»Oh Mann! Verdammt! Muss das sein?«

»Ja«, sagt die Frau am Fenster und zieht auch die andere Vorhangseite auf. Erbarmungslos fällt das Tageslicht auf ihren nackten Körper, zeigt schlaffe Stellen und verschmiertes Make-up wie unter einer Lupe. Sie blickt an sich herab und geht zur Couch, greift nach ihren auf der Lehne liegenden Kleidungsstücken und schlüpft schnell hinein.

Der Mann auf dem Sofa dreht sich zu ihr. Als sie im Rock vor ihm steht, den BH in die richtige Position rückt, will er nach ihren Hüften greifen. Zweimal klatscht es.

»Was soll das?« Er reibt sich die kräftigen Hände.

»Zieh dich an«, sagt die Frau und greift nach der zerknitterten Bluse. Achtlos schleift zarter Stoff auf dem Boden.

Noch einmal quietscht das Sofa und der Mann stöhnt leise, greift sich an den Kopf, kaum dass er aufrecht steht. Er reibt sich die Augen und beginnt, den Raum nach seinen Kleidern abzusuchen.

»Verdammt!«, brüllt er. Die Frau fährt herum und die Bluse sinkt zu Boden.

»Musst du immer fluchen! Und dann noch brüllen wie ein Ochse!«

»Ich fluche, solange es mir passt.«

»Du bist roh.«

»Bis jetzt hat dir das Rohe ganz gut gefallen«, grollt er und kratzt sich zwischen den Beinen. Dann zeigt er zum Ohrensessel.

»War dieses Vieh etwa die ganze Nacht hier im Zimmer?«

Sie wirft einen kurzen Blick auf die Katze, die sich aufgesetzt hat, und zuckt mit den Schultern.

»Diese kleine Dreckskatze. An die Wand schmeiß ich

die!«, sagt er in freundlich knurrendem Ton, während er zum Sessel geht und sich langsam, die Hände zur Katze ausstreckend, auf ein Knie sinken lässt.

»Sieht aus, als wolltest du sie anbeten«, sagt die Frau und bückt sich nach der Bluse.

»Anbeten … ja … nachdem ich ihr den kleinen, pelzigen Hals umgedreht habe.« Die Augen der Katze verengen sich zu Schlitzen, die großen Hände kommen näher.

»Nichts wirst du tun!«, sagt die Frau so harsch, dass er unwillkürlich zurückweicht. Sie tritt neben ihn und beugt sich über den Ohrensessel, verzieht das Gesicht zu einem Grinsen. »Jedenfalls jetzt nicht … noch nicht.« Sie beginnt, die Katze im Nacken zu kraulen. »Ich hab versprochen, mich immer gut um sein Lieblingsstück zu kümmern.«

Die Katze lässt sich auf die Seite sinken, rot lackierte Fingernägel verschwinden in ihrem dichten Bauchpelz. Verhaltenes Schnurren dringt aus der Kehle, und doch – die Augen lassen nicht nach in ihrer Aufmerksamkeit. Misstrauisch folgt ihr Blick aus halb geschlossenen Lidern jeder Bewegung der Frau. Und als diese sich aufrichtet, setzt sich das Tier sofort wieder auf seine Hinterbeine.

Der Mann lässt sich auf den Rücken plumpsen.

»Und jetzt ich«, sagt er.

»Für heute hattest du genug«, antwortet sie kühl und betrachtet den massigen Körper des Mannes, die blasse Brust mit den schwarzen Haaren, seine sich ihr entgegenstreckenden, sonnengebräunten Arme, die schwieligen Hände, und ihr Blick streift das Geschlecht, das ebenfalls in ihre Richtung strebt. Sie kann den Anflug von Triumph kaum unterdrücken, wirft den Kopf in den Nacken und macht kehrt. Lockiges Haar wallt über die Schulterblätter, glänzt mahagonirot im Morgenlicht und lenkt von den beiden Fleischfalten unter dem Rippenansatz ab.

»Ich muss jetzt zum Krankenhaus fahren ...«, sagt sie und fügt, begleitet von einem Fingerschnipsen, hinzu »... meinen Mann abholen.«

»Und wie oft willst du den Alten von dort noch abholen?«

»Ich denke ... das ist das letzte Mal.«

Der Mann springt auf.

»Oh verdammt! Wie lange musste ich darauf warten!«

»Och, mein armer, starker Mann!« Sie lacht auf. »Der Arzt hat gesagt, der alte Herr dürfe sich nicht mehr aufregen.«

»Was du nicht sagst.« Er sucht seine Kleidungsstücke zusammen, ohne die Aufmerksamkeit von der das Zimmer durchschreitenden Frau zu lassen.

»Ich muss eine frische Bluse holen«, sagt sie und strebt zur Tür. Der Rock spannt über ihren prallen Hüften, Brüste wollen aus dem BH.

»Oh, du geiles Gerät«, seufzt er und tappt hinter ihr her.

Sie schüttelt nur den Kopf und stößt die Tür auf.

»Aber bis alles geregelt ist, bleibst du mir vom Leib! Hast du gehört?«

Er folgt ihr stumm, starrt auf ihren Rücken.

»Ob du gehört hast!«, schneidet sich ihre Stimme in die Düsternis.

»Aber ja«, flüstert er heiser und streckt die Hände aus; doch sie hält nicht inne und durchschreitet die Vorhalle, in der sich eine breite Treppe weit hinauf in die Dunkelheit des nächsten Geschosses reckt.

Der Mann bleibt am Fuß der Treppe stehen. Rechts und

links des offenen Reißverschlusses baumeln die Gürtelenden. Das zerknitterte Hemd ist nur mit zwei Knöpfen und schief zugeknöpft.

Ein Schatten gleitet an ihm vorbei.

»Verdammte Katze!« Er weicht einen Schritt aus.

»Und du lässt die Katze in Ruhe!«, ruft sie über die Schulter und steigt die Treppe hinauf.

»Wie lange?«

»Bis der Alte sich fürchterlich erschreckt hat.«

Der Mann starrt auf das Tier. Ein paar Stufen über ihm ist es stehen geblieben und fixiert ihn nun ebenfalls. Ein bernsteingelber Blick trifft ihn aus dem pelzigen Gesicht.

Langsam nähert er sich ihr, breitet die Arme aus, als wolle er alle Katzenliebe der Welt demonstrieren, und spricht mit süßlicher, wie mit Kreide angerauter Stimme.

»Na, du pelziges Monster?«, säuselt er. »Ich kann dir ja den Kopf abschneiden und ihn auf das Frühstückstablett deines Herrchens legen – direkt neben die Frühstückseier. Na? Wie wäre das?«

Die Katze blinzelt kurz und steigt ein paar Stufen höher.

»Ich glaube, da würde er sich ganz fürchterlich erschrecken, nicht wahr?«

Die Katze steigt noch drei Stufen hinauf. Ihre Augen flammen bernsteingelb auf, als sie sich erneut umwendet und auf den Mann hinabschaut. Für einen Augenblick ist sein Grinsen wie weggewischt; dann schüttelt er sich kurz, als wolle er etwas abstreifen.

»Zum Glück verstehst du ja nicht, was ich sage. Nicht wahr, du blödes Vieh?«

»Sprichst du etwa mit der Katze?«

»Ich hab ihr nur gesagt, dass ich sie ganz süß finde und bald einen hübschen Muff aus ihr machen werde.«

»Dir geht's wohl nicht schnell genug«, schwebt die Frauenstimme von oben herab.

»Das kannst du laut sagen!« Er ballt die Fäuste und reckt sie nach oben, als habe er sich von schweren Ketten befreit. Die Augen der Katze schließen und öffnen sich einmal langsam, dann steigt sie die Treppe weiter hinauf, ohne sich noch einmal umzusehen.

Der Mann gibt sich einen Ruck, lacht, blickt an sich herab und lacht noch einmal auf. Und während er durch die Vorhalle schlendert, knöpft er das Hemd korrekt zu, stopft es in seine Hose, zieht den Reißverschluss hoch und schließt den Gürtel. Vor dem Spiegel bleibt er stehen, streicht seine Haare nach hinten, spuckt einmal in eine Hand, um eine widerspenstige Strähne zu bändigen, und setzt seinen Gang fort. Seine Hände streichen über polierte Edelhölzer, glänzende Messingbeschläge und umfassen eine bauchige Vase, auf der Szenen aus einem japanischen Garten abgebildet sind. Zierliche Frauen scheinen über Brücken zu schweben, die sich über blau glänzende Gewässer spannen. Blumen und Vögel ...

»Noch gehört dir das nicht!«, ruft ihre Stimme von oben; doch der Mann schaut nicht einmal auf. Lachend wirft die Frau den Kopf in den Nacken und hält sich dabei am Geländer fest, um nicht nach hinten zu kippen.

»Aber bald«, murmelt er und hebt die bemalte Vase an, hält sie vor seine Augen, um die Figuren im Halbdunkel besser zu sehen.

»Jajajaa ... Geduld, Geduld, Geduld ...«, singt sie.

»Und dann werd ich für anständige Beleuchtung sorgen in

diesem alten Gemäuer.« Er dreht die Vase in seinen großen Händen, kneift ein wenig die Augen zusammen und legt den Kopf schief.

Noch einmal lacht die Frau auf, wirft all ihren Spott hinein.

Ein gequetschtes »Mjjiauu!« ertönt, und das Gesicht des Mannes verzieht sich zu einem Grinsen. Doch dann ein Aufschrei und alle Häme weicht aus seinen Zügen. Noch ein Schrei und er fährt herum. Er sieht die Frau, ihre Arme weit ausgebreitet, wie sie für den Bruchteil einer Sekunde zu schweben scheint, als habe jemand bei einem Film die Pausentaste gedrückt. Der Griff seiner Hände löst sich, und das Klirren von Porzellan auf Stein zerschneidet die Stille, in jenem Augenblick, in dem der Mensch weiß, dass etwas Fürchterliches geschieht – eine Katastrophe, die sich ins Gedächtnis einbrennen und als Endlosschleife sein Leben begleiten wird.

Dumpf ist das Geräusch, mit dem der Frauenkörper auf die Stufen prallt. Immer schneller, mal mit der Schulter, mal mit dem Rücken, mal mit der Hüfte aufschlagend, gleich einer Lumpenpuppe, purzelt der Körper nach unten. Das mahagonifarbene Haar leuchtet noch einmal auf, bevor der Kopf gegen die Kante einer Kommode aufschlägt. Erst hier bleibt der Körper bewegungslos liegen – zwischen feinen Intarsien verschiedener Edelhölzer und italienischem Marmor.

Dann ist es still. Aus jeder Ritze des alten Hauses scheint Stille zu quellen und sich wie Nebel um den Ort des Unglücks zu legen. Ein heiseres Gurgeln kommt aus der Kehle des Mannes und formt sich zu einem lauten Schrei. Mit zwei langen Sätzen ist er bei der Frau und lässt sich neben ihrem unnatürlich verrenkten Körper zu Boden sinken. Sanfter, als man es seinen groben Händen zutraut, streicht er ihr ein paar Strähnen aus dem Gesicht. Er starrt sie an, starrt in ihre weit geöffneten Augen, starrt auf die roten Rinnsale, die aus ihren Mundwinkeln, aus ihren Ohren laufen. Kein Atem hebt und senkt ihre Brust. Der Mann streckt die Hand aus, zitternd nähert sie sich der Stelle, an der man den Puls fühlen kann. Er will die Frau ansprechen; aber nur ein paar unverständliche Laute winden sich aus seiner Kehle.

So still ist es, dass er sein eigenes Herz schlagen hört, sein eigener Atem dröhnt ihm in den Ohren. Totenstill ist alles im Raum, bis er jene leichte, geschmeidige Bewegung wie einen Lufthauch über seinem Nacken spürt.

Er hebt seinen Blick. Aus dem Schatten der oberen Treppe löst sich die Gestalt der Katze. Sie richtet sich auf und krümmt langsam ihren Rücken zu einem Buckel, so als wolle sie jeden einzelnen Wirbel auf seine Funktionstüchtigkeit prüfen.

Ihre halb geschlossenen Augen richten sich auf die beiden Menschen am Fuße der Treppe. Bernsteingelb blitzen sie für einen Sekundenbruchteil auf; dann wendet die Katze sich ab und verschwindet in der Dunkelheit.

Stefanie Lasthaus

Katzengestreichel

Es ist einer jener Tage, die angenehm gleichförmig vorbeiziehen. Seit Sonnenaufgang habe ich vor mich hingedöst und ab und zu die Gegend beobachtet; das Spiel von Hell und Dunkel, bestimmt vom reifer werdenden Tag. Hunger verspüre ich nicht – das Sättigungsgefühl von gestern hält noch an. Perfekt, um sich der Ruhe hinzugeben und an nichts zu stören, was außerhalb meiner kleinen Welt geschieht. Sollen sie dort wirbeln und werken, die Hektiker und Rastlosen, die Wettbewerbsjäger. In ihrer Welt hat die Jagd einen anderen Sinn als in meiner – wozu jagen, wenn es nicht ums Überleben geht?

Die Minuten ziehen an mir vorbei, die zunehmende Helligkeit und Vibrationen von der Straße nehmen zu. Dann, endlich, diese schweren Schuhe, ich erkenne sie auf weite Entfernung, ohne auch nur die geringste Gefahr einer Verwechslung.

Als sich die Tür öffnet, habe ich mich bereits aufgerichtet und blicke ihm entgegen. Auch wenn ich es gern behaupten würde – es ist wirklich nicht mein gutes Zeitgefühl, das mich auf die Beine getrieben hat, sondern die leichten Vibrationen der alten Treppenstufen im Hausflur. Sie knarren nicht nur, sondern schicken leichte Erschütterungswellen voraus. Sie sind der beste Bote, um Julians Heimkehr anzukündigen.

Und wie an jedem Tag täusche ich mich auch heute nicht: Er wirkt ein wenig erschöpft, als er den Flur betritt, die Tür hinter sich zuknallt und seine Tasche achtlos zu Boden fallen lässt. Ich setze ein paar Schritte nach vorn und richte mich auf, um ihm meine Aufmerksamkeit zu zeigen. Er blickt zu mir herüber, zieht seine Schuhe aus und geht auf mich zu. Ich bleibe, wo ich bin und strecke mich noch ein wenig mehr, um ihm meinen Körper in seiner ganzen Pracht zu präsentieren. Ich möchte, dass er stolz auf mich ist; dass er weiß, wie gut mir seine Fürsorge tut und wie prächtig wir zusammenpassen.

Nur noch zwei Schritte seiner wundervoll langen Beine, und er hat mich erreicht. Dann muss er nur noch eine Hand ausstrecken und ...

Ein weißer Blitz prescht aus einer Ecke des Zimmers hervor und drängt sich zwischen uns; zwischen mich und die großen, liebevollen Finger des Mannes, der mich hierhergebracht hat und seine Wohnung mit mir teilt.

Er stoppt, beugt sich hinab und hebt das Tier auf seine Arme. Seine großen, kräftigen Finger streichen durch das Fell, immer und immer wieder. Es ist nicht das erste Mal und ich befürchte, es wird auch nicht das letzte Mal sein. Er streichelt sie, nicht mich, weil diese Katze ihn stets stoppt, eher er mich erreicht.

Es ist mir durchaus bewusst, dass meine Eifersucht von einem Wunsch nach Körperkontakt herrührt, der für die Meinen nicht typisch ist. Ich falle da aus der Reihe, aber das macht mir keine Sorgen. Ich muss mich ja auch nicht vor anderen Artgenossen bezüglich meiner Menschenaffinität rechtfertigen, immerhin lebe ich allein.

Also versteife ich mich und mustere den Grund dafür, dass mich Julians Aufmerksamkeit von einer Sekunde auf die andere verlassen hat. Ich mag dieses Tier nicht – nein, um die Wahrheit zu sagen: Ich hasse es. Es war bereits da, als ich hier eingezogen bin und hat mir auch nicht den Gefallen getan, zu verschwinden oder aus irgendwelchen Gründen zu sterben. Diese Katze gibt sich – Aufmerksamkeit heischend – alle Mühe, einem vorbildlichen Fellknäuel zu entsprechen und merkt nicht, wie blutleer und langweilig sie dabei wirkt. Ich weiß es, denn ich habe das Miststück lange und ausführlich belauscht, wenn es auf den angeblichen Samtpfoten durch die Wohnung trottet. Hier übrigens der erste Augenöffner: Mit Samt haben diese Treter nichts zu tun. Ich bemerke sie dennoch, kann genau sagen, wo die Katze sich aufhält und schaffe es stets, aufzuspringen, wenn sie an mir vorbeiläuft. Manchmal erschrickt sie, manchmal nicht. Es sind die kleinen Triumphe im Leben, die ich für mich verbuche, wenn das Vieh sein Fell sträubt und rasch das Weite sucht.

Wie auch immer, diese Katze gibt sich so viel Mühe, ihrem Menschen zu gefallen, dass sie zu einer Karikatur ihrer selbst wird. Kein Kratzen an Möbelstücken, keine in die Wohnung verschleppte Beute, kein nervtötendes Maunzen am Fressnapf, nichts. Im Grunde könnte Julian sie ausstopfen lassen und in einer Ecke platzieren. Aus unerfindlichen Gründen scheint er jedoch diese Charakterlosigkeit zu mögen. Dazu der Geruch! Katzen putzen sich zwar übermäßig oft, doch in den meisten Fällen handelt es sich meiner Meinung nach um bloße Show. Denn was teilweise aus der Ecke zu mir herüberweht, in der Madame ihre Toilette verrichtet, ist nicht gerade attraktiv. Es ist eine Madame, das kann ich ebenfalls riechen. Zwar geht es im Grunde gegen meine Prinzipien, mich mit einem Weibchen zu messen, aber in diesem Moment beschließe ich es. Gerade als diese grünen Augen, in gleicher Höhe wie meine, mich von Julians Arm aus mit schadenfroher Selbstzufriedenheit anblinzeln.

In diesem Moment schwöre ich Rache.

Am nächsten Tag fasse ich folgende Beschlüsse: Ich werde dem weißen, haarigen Biest den Kampf ansagen und Julian deutlich machen, dass ich das bessere Haustier bin. Zunächst: Ich verstehe nicht, warum er die Katze bevorzugt, aber ich versuche es. Er wird seine Gründe haben. Gut, sie tanzt um ihn herum, macht ihm schöne Augen und gaukelt ihm vor, ohne ihn nicht leben zu können. Auf der anderen Seite muss er doch sehen, was er an mir hat: Ich bin pflegeleichter, erzeuge weniger Stress und bin geruchsneutral und geräuscharm. Mit Haaren auf meinem Körper kann ich auch dienen, zudem besitzen diese gut durchdachte Funktionen. Dazu kann ich die vier Beine der dummen Katze verdoppeln und darüber hinaus zwar nicht mit grünen Augen aufwarten, aber dafür mit gleich acht Exemplaren auf meinem Augenhügel. Gut, besonders sehen kann ich damit nicht, bin aber sicher, dass ich sehr treuherzig wirken kann.

Viele Leute sind der Meinung, dass ich kein Haustier mit dem Bedürfnis nach Körperkontakt bin. Wenn man mir nur die Chance geben würde, ich könnte sie vom Gegenteil überzeugen! Immerhin dulde ich Streicheleinheiten ebenso wie jedes andere Haustier auch. Gut, da schlage ich ein wenig aus der Art, aber ich mag einfach das Gefühl von Menschenfingern auf meinem Körper. Zudem bin ich sehr zuverlässig und auch nicht beleidigt, wenn Julian mal keine Zeit für mich hat. Im Gegensatz zu Madame, der die Empörung über zu wenig Aufmerksamkeit stets ins beschnurrhaarte Gesicht geschrieben steht.

Gerade starrt eben dieses Gesicht mich wieder an. Die Katze hält, wie stets, respektvollen Abstand zu mir. Das ist mein großer Vorteil: Ich vermute sogar, sie fürchtet mich – schon öfter hat sie einen verschreckten Sprung nach hinten vollführt, wenn ich mich auf meine hinteren Laufbeine aufgerichtet habe. Feiges Ding.

Dafür beobachtet sie mich, stundenlang. Ich ignoriere sie, doch nicht wie so häufig aus purem Desinteresse, sondern um meine Absichten zu verschleiern. Der provisorische Deckel meines gläsernen Heims liegt nämlich nicht ganz auf. Das tat er noch nie, nur war es mir bisher stets gleichgültig. Hier drinnen habe ich alles, was ich benötige – Ruhe, ausreichend Futter und einen schönen, dunklen Platz zum Schlummern. Doch draußen wartet nun etwas auf mich: Rache. Also werde ich nicht rasten, ehe ich sie in meinen Beißklauen halte.

Es ist einer von jenen Tagen, an denen Julian die Wohnung erst spät oder überhaupt nicht verlässt. Er hat sich in seinen privaten Raum zurückgezogen, den er mit niemandem teilt – auch nicht mit Madame, die regelmäßig verhalten vor seiner geschlossenen Tür dagegen protestiert. Es herrscht allgemeine Ruhe: Keine Erschütterungen von draußen, kein Poltern im Hausflur, nichts. Lediglich die kleine Grille, die Julian mir gestern vor die Zangen gesetzt hat, hüpft irgendwo in der Ecke herum und interessiert mich wenig. Selbst wenn ich Hunger verspüren würde, wäre nun anderes wichtiger.

Die erste Etappe: Ich klettere auf den Steinhaufen, der in einer Ecke meines Heimes liegt, und angele nach der Kante des braunen, leicht gewellten Deckels. Als ich ihn erreiche, schiebe ich – vorsichtig, aber mit aller Kraft, die ich aufbringen kann.

Ich rutsche ab und falle auf den Rücken. Peinlich, aber nicht besonders schmerzhaft; ein Exoskelett hat da schon seine Vorteile. Ich starte einen neuen Versuch, einen dritten und einen vierten. Wenn ich mir ein Ziel gesetzt habe, lasse ich mich selten davon abbringen. Und wirklich: Beim vierten Versuch schaffe ich es, zwei meiner Beine so zu verkeilen, dass ich mehr Druck auf den Deckel ausüben kann. Langsam, Millimeter für Millimeter, bewegt sich die Fläche über mir zur Seite – so langsam, dass selbst ich es kaum bemerke. Doch in Geduld habe ich mich mein ganzes Leben geübt und besitze davon mehr als genug. Ich arbeite eine ganze Weile, dann genehmige ich mir die Grille und begebe mich zur Ruhe. Kaum stehe ich wieder auf, mache ich weiter. Die weiße Madame beäugt mich argwöhnisch und läuft ab und zu mit angstvollen, leisen Schreien an mir vorbei. Wenn sie bereits jetzt den Schwanz einzieht, werde ich meine reine Freude haben, wenn ich erst einmal hier raus bin! Julian bleibt weiterhin in seinem Raum und spielt mir damit, ohne es zu wissen, wunderbar zu.

Endlich glaube ich, dass der Spalt groß genug ist und beginne, mich hindurchzuzwängen. Und ... es funktioniert! Erst schiebe ich vier Beine hindurch, zappele mit dem Rest ein paar Sekunden hilflos in der Luft herum, kann mich dann fangen und meinen Körper nachziehen. Kurz darauf stehe ich auf dem wackligen Material, das einst die Grenze meines

Horizonts darstellte. Einige tastende Schritte, dann befinde ich mich an der Kante des Terrariums und blicke auf die Welt hinunter, die ich sonst nur durch einen Filter aus Glas betrachte. Alles ist still – bis auf etwas, das in der Peripherie meiner Sicht hin und her peitscht. Da sitzt sie, Madame, hält einen gehörigen Abstand und betrachtet mich höchst verunsichert. Diese Unsicherheit ist es, die mir gefällt und mir mehr Energie für mein weiteres Vorhaben liefert als jede eiweißhaltige Nahrung. Ich schließe alle Augen und lasse mich fallen.

Kurz bevor ich den Boden erreiche, sehe ich Madame in einem hohen Satz in die Luft springen. Ein wunderbarer Anblick. Ich genieße ihn, während der Aufprall erfolgt, und werfe mich dann nach vorn. Viel Geschwindigkeit kann ich nicht zulegen, ehe Madame mit weit aufgerissenem Maul wie ein Blitz verschwindet.

Ein Heidenspaß. Ich krabble hinterher, lasse mir dabei viel Zeit und freue mich über ihre zunehmende Panik, die ich fühlen kann. Endlich, endlich kann ich es Madame heimzahlen! Jede einzelne Stunde, die sie in Julians Armen verbrachte, mit seinen Händen in ihrem weichen Fell, während ich zuschauen musste. Jede Minute, in der ich mir gewünscht habe, ebenfalls auf seinen Armen zu liegen. Jede einzelne Sekunde, in der ich mich danach gesehnt habe, dass seine zarten Finger meine Haare glätten würden. All jene Zeit fliegt mit jeder Bewegung an mir vorbei. Das steigende Entsetzen der Katze ist so sehr Genugtuung, dass ich dieses Spiel eine ganze Weile treibe. Im Grunde hatte ich mehr geplant, hatte in meiner Fantasie verschiedene Szenarien entwickelt, in denen ich über ihren Körper krabble oder ihr meine Beißwerkzeuge in die Nase ramme, doch das ist nicht nötig. Der Geruch nach Angst ist ein wunderbarer Duft.

Madame prallt hart gegen die Tür zu Julians privatem Raum, zittert ein wenig und rast dann weiter. Ich will soeben hinterher, als die Tür aufgeht und Julians überraschtes Gesicht auf mich niederblickt.

Ich überlege es mir rasch anders und bleibe sitzen, still und erwartungsvoll. Langsam geht er auf mich zu, beugt sich hinab und – lächelt.

»Wie bist du denn herausgekommen?«, fragt er mich und streckt vorsichtig eine Hand aus.

Ich zögere einen Moment – allzu leicht will ich es ihm nicht machen, ich verlängere meine Vorfreude – dann krabble ich langsam und würdevoll auf seine große, warme Hand. Er blickt mich an, interessiert und irgendwie liebevoll, und hebt mich vorsichtig auf Augenhöhe an. Dann wendet er seinen Kopf und blickt zu Madame, die auf dem Sofa sitzt und uns nicht aus den Augen lässt. Triumph rast durch meinen Körper.

»Hat sie dich gejagt?«, fragt Julian mich dann und mein Triumph wird zu einem Crescendo der Freude. »Passiert ist dir aber nichts, so wie es aussieht, oder?«

Und dann, endlich, streckt er einen Finger aus und streicht vorsichtig über meinen Körper, immer und immer wieder. Ich halte ganz still und genieße.

Niemals hat sich eine Jagd so sehr gelohnt wie heute.

Susanne Bohne

Der Besitzer

Ute. Was ist das überhaupt für ein Name? Ich bin ein Feingeist, dazu passt eine Ute nicht. Ute kann man – von mir aus – sein Meerschweinchen taufen. Wenn man will. Meerschweinchen interessiert nicht, wie man sie nennt; sie haben ein äußerst simples Gemüt. Können Menschen nicht wissen. Ich schon. Eine Ute (vor allem diese) kommt mir nicht ins Haus, versuche ich ihm schon seit Tagen klarzumachen, aber er versteht mich nicht. Männer! »Er«, das ist mein Besitzer. »Er« hat auch einen Namen. Benedikt. Und »er« weiß genau so gut wie ich: Besitzer ist der falsche Begriff für unsere Beziehung. Mich kann man nicht besitzen. Trotzdem sagt er es ständig: »Ich bin stolzer Katzenbesitzer!« »Ich bin Besitzer einer stolzen Katze!« »Ich habe eine Katze! Und darauf bin ich stolz!« Und so weiter.

Seine Ute kann er besitzen, von mir aus. Aber, Ute soll sich hier nicht breitmachen. Das behagt mir überhaupt nicht! So.

Ute riecht nach Zitrone. Kann ich nicht ausstehen. Ute bewegt sich wie eine Seekuh auf dem Trockenen. Als achte ich auf Details. Wenn Ute durch unsere Eingangstür trampelt, vibriert der Parkettboden. Schält sich Ute aus ihrer Jacke, verrenkt sie unbeholfen die Arme. Ute ist eine Ästhetiklegasthenikerin. Ganz anders als ich.

Trotzdem, diese Ute hat scheinbar etwas an sich, das Benedikt gefällt. Was, das ist mir bisher verborgen geblieben. Aber ich beobachte Ute sehr genau. Ich verfolge jede kleinste Bewegung, jedes Augenzucken, jedes Trampeln, jedes Niesen, jedes Atmen. Fällt mir nicht schwer, denn die beste Beobachtungsposition ist die auf Benedikts Schoß. Und da bin ich immer nah dran am Geschehen. Wie schön, wenn man einen Besitzer besitzt. Ha! Das findet Ute allerdings nicht. Die hasst mich mittlerweile. Zu schade! Für die arme Ute. Nicht für mich.

Während Ute manchmal ihren großen, lockigen Kopf an Benedikts Brust drückt, schlüpfe ich mit einem eleganten Sprung auf die Rückenlehne des Sofas und drücke meinen kleinen, seidigen Kopf an Benedikts. Das findet er äußerst amüsant, äußerst ästhetisch, äußerst liebevoll. Ute stört diese intimen Momente zwischen uns regelmäßig mit einem langen Seufzer. Wir werden niemals beste Freundinnen. So viel steht fest. Wobei ich mir am Anfang fest vorgenommen hatte, sie wenigstens für eine Weile (eine kurze) zu dulden. Bis zu dem Moment, als sie sich bei mir einschmeicheln wollte und mir eins dieser furchtbaren Spielzeuge mitbrachte: ein langer schwarzer Stock, an dessen Ende viele bunte Metallfäden hängen, die so ganz apart rascheln. Sie hockte sich hin, wedelte mir mit dem Ding vor der Nase herum und säuselte: »Na? Pussi, Pussi, Pussi? Wo ist denn das kleine Miiiezekätzchen?« Ganz schlimm. Die Menschen haben ihren Sinn für Geschmack verloren. Zumindest Ute. Nach diesem Auftritt habe ich mir das mit dem Dulden-Wollen noch einmal überlegt. Mich nennt niemand weder Pussi, Pussi, Pussi noch Miezekätzchen.

Ute trägt mit Vorliebe Strickpullis. Ein strategischer Vorteil für mich. Wenn ich genug habe von Benedikts Kopfdrücken, lasse ich mich langsam von der Rückenlehne gleiten und streife dabei (wie zufällig) Utes Strickpulli. Mit ausgefahrenen Krallen. Ich denke, fünf Exemplare habe ich dabei schon ruiniert. Mindestens. Ich tue dann immer so, als hätte ich mich hoffnungslos in den Wollfäden verfangen. Zucke panisch mit der Pfote, was das Loch noch größer macht. Benedikt steht dann auf und befreit mich. Danach bleibe ich entkräftet sitzen, miaue weinerlich und lecke mein Bein. Böser Pulli. Das wiederum veranlasst Benedikt dazu, mich auf den Arm zu nehmen, sanft meinen Bauch zu streicheln und mir in der Küche ein kleines bisschen Sahne zu geben. Trostpflaster. Sahne vertrage ich eigentlich nicht (Laktoseintoleranz), aber in dieser Situation darf ich nicht wählerisch sein. Nicht so wie sonst. Ute verfolgt dieses Spielchen jedes Mal, während sie an ihrem Pullover herumzuppelt. Aber ich lasse ihr von Benedikts Arm herab nur einen triumphierenden Blick zukommen. Punkt für mich.

Liege ich auf dem Flurboden in der Sonne und kommt Ute an mir vorbeigetrampelt, dass es mir in den Ohren dröhnt, schreie ich auch gerne mal auf. Ganz so, als ob sie auf mich oder meinen langen, seidigen Schwanz getreten wäre. Natürlich nur, wenn Benedikt gerade in der Nähe ist. Dann folgt nämlich die gleiche Zeremonie wie mit dem Pulli. Trösten, streicheln, vorwurfsvoller Blick zu Ute, Sahne. Ist Benedikt nicht in der Nähe, kann ich es mir manchmal einfach nicht verkneifen, Ute kurz, aber kräftig in die stampfenden Hacken zu hauen. Dann jault sie auf. Natürlich petzt sie das Benedikt, aber er glaubt ihr nicht. Ich liege dann nämlich tief schlafend im Wäschekorb in der ersten Etage, wenn die beiden zum Tatort »Flur« kommen. Ein ausgezeichnetes Alibi.

Seit einiger Zeit übernachtet Ute auch bei uns. Normalerweise schlafe ich an Benedikts Seite, auf dem Kopfkissen, das er mir jeden Tag frisch bezieht. Bezogen hat. Denn: Nun weilt Ute mit ihrer Lockenpracht darauf und verpestet die Luft mit ihrem Zitronengestank. Sie röchelt und sabbert im Schlaf auf mein Kissen. Das ist unglaublich! Ein barbarisches Verhalten. Wie oft musste ich gegen das Verlangen ankämpfen, auf ihr Gesicht zu springen, mich darauf zusammenzurollen und dabei schwerer zu machen, als ich es bin. Damit ihr Gesabbere aufhört. Im Gegensatz zu Ute bin ich kultiviert, nur deshalb lasse ich es sein. Stattdessen wandere ich von Utes Seite zu Benedikts. Setze mich hin, starre ihn an; so lange, bis er aufwacht. Er lässt eine Hand aus dem Bett fallen, die ich umschmeichle, gelegentlich schnurre ich und das findet er äußerst liebevoll von mir. Meistens hebt er mich dann ins Bett, so dass ich bei ihm schlafen kann. Hat mich aber Ute gehört, grunzt sie in unsere Richtung und murmelt irgendwas, das wir beide nicht verstehen. Dann legt Benedikt einen Zeigefinger auf den Mund, sagt leise »Pssscht!« und lacht ein wenig. Trotzdem lässt er mich meistens nicht ins Bett. Und das passt mir gar nicht, so dass ich am nächsten Tag beleidigt bin und nicht mit Benedikt spreche. Er bemüht sich dann sehr um mich, bietet mir Sahne an, die ich ausschlage. Besorgt mir ein Fischfilet, das ich nicht beachte. Holt den Baldrian aus dem Schrank, aber ich bleibe standhaft. Ist er am Abend schon ganz verzweifelt, tänzele ich auf das Sofa und lege mich schnurrend auf seinen Schoß. Er ist glücklich und überhäuft mich mit Streicheleinheiten.

So wird das gemacht. Männer am langen Arm verhungern lassen. Dann werden sie weich wie Butter. Das hat Ute noch nicht verstanden und ich hoffe, sie wird es auch nicht.

Heute jedoch ist Benedikt unterwegs und ich bin allein mit Ute in unserer Wohnung. Das ist eine Zumutung! Wir gehen uns aus dem Weg. Sie mir, weil sie Angst um ihren neuen Strickpulli hat. (Er wird nicht mehr lang neu bleiben!) Und ich ihr, weil ich ihr Getrampel nicht ertragen kann. Ich lege mich auf das Fensterbrett und döse ein wenig. Jetzt beginnt Ute zu telefonieren. Sie quäkt eher, als dass sie spricht. Vokale zieht sie gequält in die Länge, unfassbar nasal. »Beeeneeediiikt!«, »Miiieeezeekaaatzeee!« Sie scheint mit einer Freundin zu sprechen. Wenig geistreiche Worte wechseln ihre Besitzer. Plänkel, plänkel. Plötzlich wird es interessant, denn die Sprache kommt auf mich.

»Mistvieh«, höre ich. »Scheiiiß Katze.«

Ute sollte an ihrem Sprachduktus arbeiten. Meine Güte!

»Es kommt mir vor, als wäre er mit seiner bescheuerten Katze zusammen und nicht mit miiir.«

Ja, Ute, du hast es erfasst.

»Er streichelt seine Katze mehr als mich!«

Na, da können wir doch alle von Glück reden! Ich habe hier schließlich das Vorrecht.

»Ich muss das Viiiech loswerden. Schnellstens. Sonst vergesse ich mich noch!«

Habe ich das richtig verstanden? Sie will mich abservieren? Guter Witz, Ute!

»Allergiiie? Jaaa, das wäre eine guuute Idee!«

Was Ute nicht ahnen kann: Ich kenne nun ihren Plan. Sie legt auf und schleicht sich an mich heran, sofern man das schleichende Getrampel als solches identifizieren kann. »Bald hast du ein schöööneſ neues Zuhause. Im Tiiierheim soll es auch seeehr nett sein. Duuu kleine Flohschleuder.«

Natürlich, Ute, natürlich. Du kannst es gern versuchen, aber es wird nicht funktionieren. Beim Absprung vom Fensterbrett streife ich kurz ihren neuen Pulli. Der ist hin. So. Sie schimpft, ich lache. Ich muss mich zurückziehen und meinen Schlachtplan ausarbeiten. Dafür brauche ich Ruhe. Bei dem Getrampel kann sich ja niemand konzentrieren.

Als ich zurückkomme, sitzen Benedikt und Ute auf der Couch. Es riecht furchtbar nach Zwiebeln. Na prächtig: Zwiebeln und Zitronen. Ein Duft, den die Welt nicht braucht. Ute hat rote Augen, ihre Nase läuft. Oh ja, die Allergie. Ich verstehe! Benedikt ist besorgt, er krault Ute am Ohr. Nicht, dass er ihr gleich auch noch Sahne anbietet! Ute beäugt mich misstrauisch. Ich äuge zurück. Schließlich habe ich ihr Spielchen durchschaut. Schnurrend umspiele ich Benedikts Beine. Benedikt liebt das. Heute nicht. Ich miaue und springe auf seinen Schoß. Benedikt setzt mich wieder auf den Fußboden. Das muss ich mir nicht bieten lassen! Hoch erhobenen Schwanzes tigere ich in die Küche. Ganz die beleidigte Diva. Filmreif. Dafür verdiente ich einen Oscar. Auf dem Boden sehe ich Reste von Zwiebelschalen. Hinterhältige Ute! Benedikt sagt: »Wir müssen uns etwas einfallen lassen! So geht das ja nicht, dass die Katze dich krank macht.«

Mein Nackenfell sträubt sich. Er kommt zu mir in die Küche. Tätschelt unsanft meinen Kopf; das kann er sich sparen. Füllt meinen Napf mit ekelhaftem Trockenfutter und Wasser auf. Ich gähne in seine Richtung. Siehst du, Benedikt, es interessiert mich nicht! Nicht im Geringsten! »Ich komme bald zurück«, sagt er zu mir »dann schauen wir, was wir mit dir machen!«

Beide verlassen die Wohnung. Im Herausgehen wirft mir Ute einen triumphierenden Blick zu. Ach Ute, ich bin so gern allein, macht mir doch nichts aus! Wirst schon sehen, was du davon hast. So. Das lasse ich nicht auf mir sitzen.

Es vergeht eine ganze Nacht und ein dreiviertel Tag. Eine Zeit voller Katzenjammer. Ich vermisse meinen Besitzer. Ich versuche auf meinem Kissen in Benedikts und meinem Bett zu schlafen, aber es riecht alles nach Zitrone. Kaum auszuhalten.

Als ich Benedikts Schlüssel in der Tür höre, mache ich mich bereit für den großen Auftritt. Die Bühne gehört mir. Schnell schmeiße ich mich auf den Boden im Wohnzimmer und bleibe regungslos liegen. Scheintot. Licht aus, Spot an. Benedikt aber kramt in der Küche und füllt den Napf auf. Braucht er doch gar nicht, denn ich habe nichts gegessen. Menschen! Ts, ts, ts.

Er kommt näher, ich bleibe liegen. Mausetot auf dem Präsentierteller.

»Um Gottes Willen!«

Ja, der Plan geht auf.

»Was ist denn los mit dir?«

Du hast mich allein gelassen wegen Ute.

»Atmest du noch?«

Ich röchele ein wenig. Hab ich bei Ute abgeguckt.

»Gott sei Dank, du lebst!«

Ja, schon. Ich hebe schwach meinen kleinen, seidenen Kopf und lasse ihn gleich wieder fallen.

»Oh je, oh je.«

Ich zucke mit der Pfote. Versteife meinen geschmeidigen Körper, röchele wieder, schüttle mich krampfend und falle dann zurück in die Leichenhaltung. Dramatik pur.

»Wir müssen zum Tierarzt!«

Mit einem Mal fällt mir ein Büschel Haare aus, sie sprengen sich förmlich ab. Trotz Scheintotenstarre springe ich auf. Wenn ich eins auf den Tod nicht leiden kann, dann ist es – neben Ute – der unfähige Tierarzt. Benedikt ist überrascht. Kann er ruhig sein!

»Na, dir scheint es ja doch gar nicht so schlecht zu gehen, wie erwartet, was?«

Benedikt streichelt mich und ist erleichtert. Ich schnurre und miaue ein wenig. Mir fällt auf: Eigentlich bin ich auch nicht besser als Ute. Abgesehen natürlich von meiner Anmut und meiner Ästhetik und meinem Liebreiz und und und. Ute und ich sind quitt. Soll sie halt wieder herkommen. Ich kann mich zurückhalten, wenn ich will. Benedikt scheint traurig zu sein. Wieso? Ich habe mich doch prächtig erholt! Wir sitzen auf dem Sofa und ich schnurre ihn an. Das findet er äußerst amüsant, äußerst anmutsvoll, äußerst liebevoll. Aber seine Traurigkeit verschwindet nicht, obwohl mein Schnurren ihn sonst immer beruhigt hat. Seitdem wir uns kennen. Na, dann eben nicht! Ich springe von seinem Schoß, setze mich vor die Balkontür und schaue raus. Was wird jetzt aus mir? Ist das die Ruhe vor dem Sturm? Hat Ute es doch geschafft und wird Benedikt mich im Tierheim abgeben wollen?

Aber er setzt sich nur zu mir, tätschelt meine Flanke und sagt in Gedanken versunken: »Ihr Frauen macht mich noch fertig! Da blickt doch keiner durch!«

Ich miaue kurz. Da hat er ein wahres Wort gesprochen!

Ich schlafe jetzt wieder bei Benedikt im Bett. Der Zitronengestank hat sich verzogen. Genauso wie Ute.

Die kommt nicht wieder. Vielleicht hat sie sich ein Meerschweinchen zugelegt. Das passt zu ihr auch viel besser als Benedikt. Simples Gemüt. Ich hoffe, es dauert noch eine Weile bis mein Nicht-Besitzer eine neue Ute anschleppt. Aber, vielleicht ist die nächste erträglicher. Mein Vorsatz: keine Gemeinheiten, jedenfalls keine größeren. Hauptsache, sie lässt die Zitronen zu Hause. Und nennt mich nicht Pussi, Pussi, Pussi oder Miiiezekaaatze!

Manfred Lafrentz

Der Plan

Es überraschte Nadja überhaupt nicht, dass die Katze sprechen konnte. Sie hatte schon immer den Verdacht gehabt, dass Minka eine Meisterin der Verstellung war.

Auf der hundertundzweiten Stufe kam eine Stimme aus der Einkaufstasche.

»Wo gehen wir hin?«

Es war eine grämliche, etwas weinerliche Stimme. Nadja hörte Angst darin.

Ja, fürchte dich nur, du Mistvieh, dachte sie. Was jetzt passiert, geschieht dir recht. Es nützt dir gar nichts, wenn du zugibst, dass du reden kannst.

Sie gab der Katze keine Antwort und stapfte weiter die Stufen des Kirchturms hinauf. Hundertundfünfte Stufe. Hundertundsechste Stufe. Wie viele waren es noch? Als sie vor einer Woche mit der Schulklasse hier gewesen war, hatte sie nicht daran gedacht, die Stufen zu zählen. Die Idee, die sie beim Treppensteigen gehabt hatte, der *Plan,* hatten sie in ihrem Bann gehalten.

Wenn man so weit nach oben ging, musste man lange fliegen, wenn man hinuntersprang.

Oder geworfen wurde.

Minkas Kopf zwängte sich durch eine Lücke, die nicht vom Reißverschluss verschlossen war.

»Was wollen wir hier?«, fragte sie mit ihrer weinerlichen Stimme. »Ich will nach Hause. Ich hab Hunger.«

Nadja sagte wieder nichts. *Es ist besser, wenn ich gar nicht hinhöre.*

Das Treppensteigen war anstrengend. Inzwischen hatte sie das Zählen wieder aufgegeben. Grimmig konzentrierte sie sich darauf, eine Stufe nach der anderen zu nehmen. Sie durfte sich von Minka nicht ablenken lassen. Die hatte verdient, was sie jetzt bekam.

Das falsche Biest!

Seit sie ins Haus gekommen war, hatte sie alle Aufmerksamkeit auf sich gezogen. Nadjas Vater hatte sie mitgebracht. Es sollte ein Geschenk für sie sein, und anfangs fand Nadja sie süß. Aber wenn Nadjas Vater abends nach Hause kam, sprang Minka auf seinen Schoß, und Nadja sah, wie sehr ihm das gefiel. Er streichelte die Katze und bekam dabei diesen verträumten, abwesenden Blick, den Nadja nicht mochte. Es sah aus, als ob er, während er Minka streichelte, eine Traurigkeit vergaß, die Nadja nicht verstand. Sie hätte selbst gern diese Traurigkeit vertrieben, aber sie hatte keine Chance. Seit die Katze da war, saß der Vater am liebsten mit ihr auf dem Schoß im Sessel, schaute fern, ohne etwas zu sehen, ohne anscheinend an irgendetwas zu denken und ohne auf Nadja zu achten.

Zuerst war sie beschämt gewesen. Vielleicht hatte sie ihren Vater vernachlässigt. Nadja setzte sich auf die Lehne des Sessels und umarmte den Vater, aber es schien ihr, als gefiele ihm das nicht so gut wie das Streicheln der Katze, die auf seinem Schoß lag und schnurrte. Dabei betrachtete die Katze Nadja mit einem rätselhaften Blick, als ob sie alle ihre Gedanken kannte und sagen wollte: Gegen mich hast du keine Chance.

Er ist traurig, und ich weiß, wie man das wegmacht, und du nicht!

Schließlich war Nadja wütend geworden. Minka war eine Hexe, davon war sie überzeugt. Sie hatte den Vater verzaubert, und Nadja konnte nichts dagegen tun. Monatelang beobachtete sie die Katze, sah, wie sie den Vater immer mehr und mehr verhexte, bis es Nadja vorkam, als ob er gar nicht mehr an seine Tochter dachte.

Ich muss ihn befreien, dachte Nadja.

Sie wartete auf eine Gelegenheit dazu, aber zu Hause wollte sie sich nicht einstellen. Nadja ließ die Haustür auf, aber Minka war zu schlau. Sie ging nicht hinaus, schüttelte nur einmal kurz den Kopf, sah Nadja an und verkroch sich hinter die Wohnzimmercouch.

Du spinnst!, schien sie zu sagen, mit ihrem grünen Funkelblick. *Ich geh hier nicht freiwillig weg.*

Nadja ahnte, dass ihr Vater sehr wütend werden würde, wenn sie seinem Liebling etwas antäte. Deshalb musste sie Minka zuerst aus dem Haus schaffen und dann dafür sorgen, dass sie nie mehr zurückkam. Beim Schulausflug, als sie hinauf auf den Kirchturm stieg, wusste sie plötzlich, wie sie es machen musste.

Du wirst fliegen, kleine Minka. Lange, lange fliegen. Und wenn du unten ankommst, dann wirst du dort bleiben. Für immer.

Nadja würde ihren Vater zurückbekommen und einen Weg finden, seine Traurigkeit zu vertreiben. Er brauchte keine Hexe, die wie eine Katze aussah und ihn verzauberte. Sie würden Ausflüge machen, wie früher, und Mensch-ärgere-dich-nicht spielen, und er würde ihr Geschichten erzählen, wie früher. Seit einem Jahr hatte sie keine Geschichte mehr bekommen, und das tat genauso weh wie wenn man zu lange nichts gegessen und furchtbaren Hunger hatte. Wenn Minka weg ist, wird alles so sein wie früher, sagte sich Nadja immer wieder, und das trieb sie voran, auch wenn sie müde war und ihre Knie zitterten. Das Mistvieh in der Einkaufstasche war schwer! Vielleicht war das auch ein Hexenzauber. Minka wollte nicht nach oben auf den Turm und machte sich schwer.

Das wird dir nichts nützen! Du wirst fliegen, kleine Minka. Lange, lange fliegen.

Die Sätze spukten ihr immer wieder im Kopf herum, wie ein Kinderlied.

Die Tür am Ende der Treppe klemmte. Einen Augenblick lang fürchtete Nadja, sie würde sie nicht aufbekommen, aber sie hatte beim Ausflug gesehen, dass sie nicht abgeschlossen wurde. Nach einigem Rütteln und Zerren öffnete sich die Tür mit einem erbärmlichen Quietschen, das dem Schreien einer hungrigen, ungeduldigen Katze ähnelte. Nadja schaute auf die Einkaufstasche, aber Minka ließ sich nicht sehen und sagte nichts.

In dem Raum hinter der Tür hing eine große Glocke, die ebenfalls schwieg. Aus den offenen Bogenfenstern rundum konnte man weit über die Stadt schauen, die dalag im fahlen Herbstlicht, das alles grau machte, und so aussah, als ob sie fror.

Auch Nadja zitterte, als sie den Reißverschluss der Tasche aufzog und Minka herausholte. Die Katze hatte sich zu einer Kugel zusammengerollt und krallte sich am Stoff der Tasche fest, aber Nadja war unerbittlich. Sie hielt Minka hoch und zeigte ihr die Aussicht.

»Schön, nicht? Gleich wirst du fliegen.«

»Aber ich kann doch gar nicht fliegen«, jammerte Minka.

»Das macht nichts. Du brauchst ja nicht weit zu fliegen. Das wird schon gehen.«

Minka schwieg, als hätte sie sich mit ihrem Schicksal abgefunden. Sie fühlte sich jetzt ganz weich an und schmiegte sich an Nadja, als suchte sie Schutz vor dem kalten Wind. Die großen, ratlosen Augen waren nach oben gerichtet.

Nadja wurde plötzlich ganz mutlos. Der Plan war ihr so einfach erschienen. Sie hatte die Katze wegwerfen wollen wie einen Stein, aber sie war weich wie Marzipan, und diese Weichheit machte Nadja traurig. Wenn Minka unten ankam, würde sie nicht zersplittern wie ein Stein, dessen Bruchstücke wie Scherben zusammengekehrt werden konnten. Minka würde schrecklich aussehen, da unten auf dem Boden. Das bisschen Weiche gegen all das Harte. Die Leute würden sich ekeln oder traurig sein, weil sie sich vorstellten, wie weh das getan haben musste. Vielleicht würden sie dann spüren, dass auch sie von so viel Hartem umgeben waren, gegen das sie prallen konnten, und würden Mitleid mit der Katze haben, mit allem, das so erbarmungslos zerschmettert werden konnte.

Nadja legte das Kinn auf Minkas kleinen Kopf.

»Wir könnten zusammen fliegen«, flüsterte sie. Dann würden die Leute sie beide bedauern. Auch ihr Vater. Es wäre schön, wenn er weinen müsste. Wegen Minka und auch wegen Nadja. Das würde alles wettmachen.

Minka sagte nichts. Vielleicht hatte sie nie geredet. Nadja war plötzlich sicher, dass etwas in ihr selbst so getan hatte, als ob die Katze reden konnte. Etwas, das eine Hexe in ihr sehen wollte. Minka war nur ein zitterndes, weiches Bündel Wärme. Nadja mochte es, wie sie sich an sie schmiegte. Sie konnte plötzlich ihren Vater verstehen, ahnte, warum er es so mochte. Es war vorbehaltlos, konnte jedem begegnen, der da war und Schutz und Freundlichkeit bot. Es war wenig, aber wertvoll.

Trost. Das war es.

Nadja dachte daran, wie trostlos ihr Vater wäre, wenn Minka verschwände.

Und vielleicht auch, wenn sie selbst verschwände.

Sie steckte die Katze wieder in die Einkaufstasche und stieg die vielen Stufen mit ihr nach unten. Auch diesmal dachte sie nicht daran, sie zu zählen, aber es kam ihr vor, als wären es weniger geworden.

Bettina John

Die schwarze Katze

Er sortierte gerade die Wäsche aus dem Trockner, als er die Katze zum ersten Mal sah. Sie war schwarz und sehr jung und lief anmutig über die Terrasse. Sobald sie merkte, dass er sie ansah, blieb sie misstrauisch stehen, bereit zur Flucht, sollte er die Terrassentür öffnen. Er aber sah sie nur an. War fasziniert von ihrem schimmernden schwarzen Fell, den schlanken hohen Beinen und der Anmut ihrer Bewegung. Er fürchtete, dass sie weglaufen würde, wenn er sich der Tür nähern oder sie öffnen würde. Er seufzte, warf ihr noch einen Blick zu und sortierte weiter seine Wäsche.

»Hermann!« Er zuckte zusammen und antwortete: »Ich bin gleich fertig.« Keine zehn Minuten hatte er sie allein gelassen, und schon wurde sie ungeduldig. »Was dauert denn so lange da unten?«, zeterte sie. »Immer lässt du mich allein.« Er zuckte mit den Schultern, griff den vollen Wäschekorb und stieg die Treppe nach oben. Die täglichen Arbeiten im Haushalt, waschen, Müll rausbringen, Getränke aus dem Keller holen, Einkäufe im benachbarten Supermarkt, sie waren seine kleinen Fluchten. Früher war jemand ins Haus gekommen, um sie zu versorgen. Seit er in Rente war, hatte er stillschweigend diese Aufgaben übernommen. Gelegentlich half er alten Freunden bei der Buchhaltung oder der Steuererklärung. Dann konnte er sogar ein paar Stunden raus. In den letzten zwei, drei Jahren geschah das aber immer seltener, weil sich die Freunde allmählich zurückzogen.

Es war zunehmend schwieriger geworden, ihr klarzumachen, dass er sie für ein paar Stunden oder gar einen ganzen Nachmittag allein lassen würde. Es war schon früher schwierig gewesen, aber seit ihrer Krankheit war sie eine Gefangene ihrer Eifersucht. Er hatte sich oft gefragt, woher dieses pathologische Misstrauen kam. In den Jahrzehnten ihrer Ehe hatte er ihr nie einen Grund dafür gegeben. Sie sah das anders. Als sie krank wurde, war es zu spät, sie zu verlassen. Er hätte sich selbst dafür verachtet. Er saß in der Falle.

Am nächsten Tag kam die Katze wieder und setzte sich aufs Fensterbrett. Er hatte darauf gehofft und war unter verschiedenen Vorwänden nach unten gegangen. Seit ihrer Krankheit war es ihr zu beschwerlich, die vielen Treppen zu laufen, so dass sie die meiste Zeit in ihrem Zimmer im oberen Stockwerk verbrachte. Dort war sie umgeben von den Dingen vergangener Tage, die ihr die Illusion ließen, alles sei wie früher.

Er setzte sich ans Fenster und beobachtete, wie die Katze sich ausgiebig putzte. Sie ging sehr systematisch vor. Zuerst leckte sie die linke Vorderpfote, dann die rechte, danach die Flanken, die Hinterbeine, schließlich den Schwanz. Zum Abschluss benetzte sie ihre linke Vorderpfote und rieb sich mehrmals über Kopf und Ohren. Das wiederholte sie mit der rechten Pfote. Zufrieden mit ihrem Werk setzte sie sich aufrecht vor die Fensterscheibe, fast so, als wolle sie ihr Spiegelbild überprüfen. Die beiden Vorderpfoten richtete sie so aus, dass die Fellzeichnung der Pfoten nahtlos ineinander überging.

Am nächsten Tag packte er im Supermarkt zwei kleine Schalen Katzenfutter in den Einkaufskorb, die er sorgfältig hinten im Schrank verstaute. Nachdem er ihr das Mittagessen in ihrem Zimmer oben serviert hatte, ging er unter dem Vorwand, er habe noch Bügelwäsche, wieder nach unten. Es war etwa um dieselbe Zeit, zu der die Katze an den beiden Tagen zuvor erschienen war. Die drückende Hitze des Vormittags war einem lauen Landregen gewichen, die Terrasse vor dem Wohnzimmerfenster glänzte nass, als er nach ihr Ausschau hielt. Eines der Dessertschälchen hatte er bereitgestellt und ein wenig von dem Futter eingefüllt. Er öffnete die Terrassentür und stellte das Schälchen auf den Boden. Eine Stunde verging. Die Katze kam nicht.

»Hermann!« Ihre Stimme unterbrach die nachmittägliche Stille. »So viel Bügelwäsche kannst du doch gar nicht haben«, keifte sie. »Was treibst du eigentlich die ganze Zeit?«

»Ich bin gleich da«, rief er und warf einen letzten Blick nach draußen. Das Schälchen war unberührt.

Als er am nächsten Morgen das Frühstück für sie zubereitete, sah er, dass die Katze über Nacht zurückgekommen und das bereitgestellte Futter gefressen hatte. Das Schälchen war leer. Ein freudiges Gefühl stieg in ihm auf und er eilte nach draußen, um den leeren Napf zu holen. Er säuberte ihn unter fließendem Wasser, trocknete das Schälchen sorgfältig ab und füllte neues Futter ein. Dann platzierte er das Futter am gleichen Platz wie am Tag zuvor. Anschließend trug er das Tablett mit ihrem Frühstück nach oben.

Als er das Mittagessen vorbereitete, sah er sie. Hastig fraß sie den Napf leer, schaute sich dabei hektisch um. So als fürchte sie, jemand könne ihr das Futter streitig machen.

Er ging langsam zur Terrassentür. Das Geräusch der heruntergedrückten Klinke ließ sie innehalten, ihr Körper war gespannt, bereit zur Flucht. Er öffnete die Tür, trat aber nicht heraus. Langsam ging er in die Knie. Er streckte seine Hand in Richtung der Katze und sprach ruhig auf sie ein. Vorsichtig näherte sie sich, schnupperte leicht an der ausgestreckten Hand. Dann wandte sie sich wieder ihrem Futter zu.

Von da an kam die Katze jeden Tag. Er kaufte einen größeren Vorrat Katzenfutter, den er sorgfältig im Schrank verstaute. Jeden Tag verlor sie etwas mehr von ihrer Scheu. Sie ließ sich kraulen und irgendwann auch auf den Arm nehmen. Eines Tages wagte sie sich sogar ins Wohnzimmer. Er setzte sich aufs Sofa, sie sprang auf seine Knie und fing an zu treteln. Als sie am nächsten Tag wiederkam, öffnete er die Terrassentür und stellte ihr das Futter hin. Sie fraß und revanchierte sich mit ausgiebigem Köpfchengeben. Anschließend rollte sie sich zufrieden auf seinem Schoß zusammen und begann zu schnurren.

»Hermann!« Ihre scharfe Stimme zerschnitt die Idylle. Die Katze erschrak, sprang auf und hinterließ mit ihren Krallen tiefe Spuren in seinem Oberschenkel. Er schrie auf und versuchte, den Schmerzensschrei zu unterdrücken. »Was ist los«, rief sie von oben.

»Nichts, ich habe mich bloß am Tisch gestoßen«, log er, während die Katze das Weite suchte.

»Was ist mit meinem Nachmittagskaffee? Wie lange soll ich noch warten? Was hast du bloß immer so Wichtiges da unten zu erledigen?«, schimpfte sie weiter.

Als er am nächsten Tag ihr Mittagessen zubereitete, saß die Katze bereits vor der Tür. Die Kratzer ihrer gestrigen Flucht brannten auf seinem Bein. Er hielt die geöffnete Futterdose in der Hand. »Ich muss neuen Vorrat kaufen«, dachte er, als er das letzte Futter in den Napf füllen wollte. Unvermittelt hielt er inne. »Nein«, sagte er entschieden, »das sieht wirklich nicht mehr sehr lecker aus.« Er stellte die Dose ab und gab der Katze stattdessen einige Stücke des Putenschnitzels, das für den nächsten Tag im Kühlschrank lag. »Als Entschädigung für gestern«, murmelte er. Das restliche Katzenfutter rührte er anschließend unter ihr Hackfleisch. Ein Gefühl der Befriedigung machte sich in ihm breit und er konnte ein leichtes Grinsen nicht unterdrücken, als er das Kartoffelpüree neben die fertigen Hackfleischbällchen drapierte und noch ein paar Petersilienblättchen darüber streute.

An diesem Abend ging er früh zu Bett, eine bleierne Schwere legte sich auf seine Schläfen. Er hatte eine unruhige Nacht. Mehrmals hörte er sie im benachbarten Schlafzimmer stöhnen. Vielleicht hatte er aber auch nur geträumt. Wie oft schon hatte sie ihn nachts aufgescheucht – und nichts war gewesen. Dann gab sie sich wie ein kleines Kind, das nicht schlafen konnte oder dem langweilig war. In Wahrheit aber, das wusste er längst, wollte sie auch nachts nicht die Kontrolle über ihn aufgeben.

Unausgeschlafen ging er am nächsten Morgen in die Küche, um das Frühstück für sie zuzubereiten. Er wunderte sich kurz über die Stille in ihrem Zimmer, war dann aber dankbar, dass er die wenigen Minuten noch ungestört verbringen konnte. Er stellte den koffeinfreien Kaffee, das Vollkornbrot mit Quittengelee – etwas anderes akzeptierte sie nicht zum Frühstück – und den frisch gepressten Pampelmusensaft aufs Tablett, so wie er es all die Jahre zuvor getan hatte. Mit dem Ellenbogen drückte er die Türklinke, straffte sich kurz und rief mit aufgesetzter Heiterkeit »Guten Morgen, Frühstück!«, als er ihr Zimmer betrat. Sie schlief noch und reagierte nicht auf sein Eintreten. Er stellte das Tablett ab und öffnete die Vorhänge. Ein Sonnenstrahl fiel direkt auf ihr Gesicht. Da sah er, dass sie nicht schlief.

Der Arzt schrieb »akutes Herzversagen« auf den Totenschein. Er hatte keinen Anlass, an der Todesursache seiner langjährigen Patientin zu zweifeln. Schon seit Jahren hatte er sie intensiv betreut und war Zeuge geworden, wie die Krankheit sie zunehmend veränderte. Die Herzschwäche war eine typische Begleiterscheinung der Medikamente, die sie brauchte, um die schlimmsten Symptome ihrer Krankheit zu dämpfen. Er sprach ihm sein Beileid aus und bot ihm, teils aus Pflichtgefühl, teils aus Freundschaft, seine Hilfe bei den nun notwendigen Erledigungen an.

Nach der Beerdigung machte er sich daran, ihr Zimmer auszuräumen. Er konnte den Gedanken nicht ertragen, dass dieser Raum so bleiben sollte wie zuvor. Er hatte beschlossen, ihre Kleidung und die Möbel zu verschenken. Zuvor sortierte er ihre persönlichen Dinge aus. In ihrem Schreibtisch fand er ein rotes Notizbuch. Er zögerte, wollte es unbesehen in Müllsack werfen. Dann nahm er es in die Hand und fing an zu blättern. Die Seiten des Buchs waren dicht beschrieben, sofort erkannte er ihre kleine akkurate Handschrift, fast wie gedruckt. Schon früher hatte er bewundert, wie viel Text sie auf einer Postkarte unterbringen konnte.

Ihm wurde eiskalt, als er all die Schikanen der vergangenen Jahre akribisch darin aufgelistet fand. Sie hatte regelrecht Buch geführt über seine vermeintlichen Verfehlungen und ihre angemessenen »Bestrafungen«. Blitzartig öffnete sich ihm der Kosmos ihrer Wahnwelt, sorgfältig protokolliert über Jahre hinweg. Erschüttert und abgestoßen zugleich blätterte er hastig weiter und wollte das Buch endgültig entsorgen. Da fiel sein Blick auf das Datum ihres letzten Eintrags. Er stammte vom Vortag ihres Todes.

»Ich werde diesem Treiben nun ein für allemal ein Ende setzen. Seit Wochen hintergeht er mich, belügt mich, betrügt mich. Ich bin es leid. Ich habe es so satt. Nach all den Frauengeschichten hat sich der Herr jetzt auch noch eine Katze zugelegt. Eine Katze! Für mehr reicht es bei ihm wohl nicht mehr. Es ist widerlich zu sehen, wie er sie streichelt, krault, mit ihr schmust, wie er sie liebevoll füttert, während er mir das Essen nur noch widerwillig und pflichtmäßig hinstellt. Er glaubt, ich merke es nicht. Aber das nächste Futter wird ihre Henkersmahlzeit sein. Ich habe das Zeug schon so lange gebunkert. Ich wusste, ich würde es irgendwann brauchen. Wenn ich seine Eskapaden einmal nicht mehr ertrage. Aber bevor ich mich von einer Katze verdrängen lasse, muss dieses Tier dran glauben.«

Er entsorgte alles, was an seine Frau erinnerte, und ließ einige Umbauten im Haus vornehmen. Ihr Zimmer wurde von Grund auf renoviert und er richtete sich eine Bibliothek dort ein. Seit Jahren hatte er von einem solchen Zimmer geträumt. Jetzt endlich konnte er konnte er die Bücherkisten aus dem Keller holen, sich in seine Bibliothek zurückziehen und umgeben von raumhohen Bücherregalen in die Welt der Literatur eintauchen. Die schwarze Katze leistete ihm dabei Gesellschaft, wenn sie es wollte. Sie hatte ihre eigene Katzentür und konnte kommen und gehen, wann immer sie wollte.

Catrin George

Dreiecksbeziehung

Nanu, was war geschehen? Ich hielt die Luft an. Eben noch glitt seine Zunge über meine Schenkel und kam meinem glühenden Schoß, der vor lauter Warten schon vibrierte, gefährlich nahe, aber es passierte nichts weiter. Und jetzt? Wo blieb er? Meine Hände und Fußgelenke waren mit Seidentüchern gefesselt, zwar nur mit einer Schleife gebunden, aber ich konnte sie nicht selbst aufziehen. Sehen konnte ich auch nichts, ich trug eine Augenbinde. Es hat Spaß gemacht, mich verwöhnen zu lassen, nicht zu sehen, was er tun würde, nur zu spüren. Lag unsere Passion füreinander schon seit Wochen eher auf Zwanzig-Jahre-miteinander-verheiratet-sein-Niveau anstatt auf Explosionsstufe einer frischen Beziehung. Das sollte sich wieder ändern. Noch immer spürte ich den cremigen Rest Eiskonfekt in meinem Bauchnabel, den mein Geliebter mir noch vor wenigen Minuten genussvoll dort herausgelutscht und mich zum Quietschen gebracht hat, fühlte es sich nun aber einfach nur klebrig an. Meine Brustwarzen, eben noch prallrund, lugten mittlerweile müde geworden aus dem Balkonette-BH, und meine Position wurde langsam ziemlich ungemütlich. *Gut, dass wir nicht gleich auch noch einen Knebel benutzt haben,* dachte ich und rief nach ihm. »Martin?« Keine Antwort. Ich rief nochmals, süß und verführerisch, könnte dies ja auch Teil unseres neuen Spiels sein, überlegte ich, »Martin Liebling, wo bist du?« – hoffte ich. Immer noch nichts. Ich wurde wütend. »Martin, verdammt noch mal, wo steckst du?« Aber Martin antwortete nicht.

Dafür hörte ich ein Geräusch. *Psspsspsspsspss,* kam es von irgendwoher aus dem Schlund der Wohnung, die sich über zwei Stockwerke erstreckte, und ich lauschte angestrengt Martins Stimme, die leise Worte sang. Sie trug diese ganz besondere Klangfarbe, diese niedliche Note, diese aufopfernde Tiefe, diese fixierte fokussierte Konzentration in seinem Timbre.

Nur nicht für mich. Sondern für seine Katze. Schon wieder hat dieses verfluchte Vieh es geschafft, unser Liebesspiel zu verderben.

Am Anfang unserer Beziehung dachte ich noch, dass sich das geben würde. Ist ja bloß eine Katze. Sie wird sich sicherlich an mich gewöhnen. Doch nun, Monate später, befallen mich täglich mehr Zweifel. Ich kann sie nicht ausstehen, und das Gefühl kennt weder Angst noch Abscheu, sondern es ist Eifersucht. Abgrundtiefe Eifersucht, weil dieses dumme Vieh meinen Geliebten Martin ganz für sich beansprucht. Das Schlimmste daran ist, es gelingt ihr.

Und zwar immer wieder. So wie in diesem Moment. Würde ich sonst nicht gefesselt und einsam auf roten Satinlaken ausgebreitet liegen, sondern hätte einen aufregend festen Liebesdiener zwischen meinen Schenkeln und tief in meinem Schoß, dem *ich meine* Ekstase ins Ohr schnurrte anstatt die Katze.

So konnte es nicht mehr weitergehen.

Martin kam zurück. »T'schuldigung, es war Minnie, sie wollte rein. Es regnet, verstehst du?«

Was zu viel ist, ist zu viel. »Nein, das verstehe ich nicht, und ich will es auch gar nicht verstehen. Deine Affenliebe für die Katze macht mich wahnsinnig. Bind mich los. Sofort!«

»Was ist denn nur los mit dir, meine süße Muschimaus…«

»Nenn mich nicht so, ich bin keine verdammte Katze!«

Martin nahm mir die Augenbinde ab. Ich sah seine Augen über mir, die mir verständnislos entgegenblickten. Das leuchtende Blau hatte sich in stumpfes Grau verwandelt. Die Katze im Arm zog er mit der freien Hand die Schleifen auf.

Ich stand auf und riss mir den blödsinnigen BH vom Körper. »Da! Für deine Katze. Zum Spielen«, spie ich wütend aus, und warf ihm das Dessous vor die Füße.

Er runzelte die Stirn, während seine Hand unaufhörlich über den wuscheligen Fellbauch der Katze strich, die mich nicht für eine Sekunde aus den Augen ließ. Nicht einmal zwinkern tat sie, und ich hatte sogar das Gefühl, sie würde ihre Mundwinkel zu einem spöttischen Lächeln hochziehen. »Aber Liebes, willst du etwa andeuten, dass du auf Minnie eifersüchtig bist?«

»Nein, nicht andeuten, ich bin es.«

Martin lächelte und kraulte weiter die Katze. »Das ist ja kindisch, Laura.«

»Ach ja? Der Herr Diplompsychologe findet das also kindisch? Und wie würde der Herr Diplompsychologe sein Verhältnis zu seiner Katze bezeichnen?« Ich hatte mich in Rage geredet, sammelte meine Klamotten vom Boden auf und fragte mich zum zigsten Mal, wo die leidenschaftliche Spannung von vor einer halben Stunde hinverpufft sein könnte. Martin stand vor mir, und ich konnte mir seinen Mund zwischen meinen Schenkeln nicht mehr vorstellen.

Er erwiderte nichts, sondern beobachtete mich verwundert, wie ich mich anzog, und fuhr fort, die Katze zu streicheln. Minnie drehte den Kopf, damit sie mir auch zuschauen konnte, und spreizte graziös die Krallen, als ob sie sagen wollte, siehst du, so geht das.

»Merkst du eigentlich gar nicht, was da passiert? Du machst dich zum Sklaven deiner Katze. Ein winziges Miau und du springst wie von der Wespe gestochen nachts aus dem Bett. Ein Sprung von Minnie ins Bett und du ziehst den Arm von mir weg, um das Viech zu streicheln anstatt mich. Und heute hast du mich tatsächlich alleine gelassen«, der Kloß in meinem Hals wurde immer größer, »bereit für Sex, bereit für dich.«

»Minnie kann Fenster nun mal nicht öffnen«, erklärte er mit einem Seufzen.

Ich raufte mir die Haare, schnaufte laut und nahm meine Handtasche »Die Katze oder ich.«

Seine Augen verengten sich zu Schlitzen, aber er erwiderte nichts. Ich ging.

Auf dem Weg nach Hause liefen mir Regentropfen und Tränen über das Gesicht. Niemals hätte ich mir vorstellen können, dass ein Tier ein Problem in einer Beziehung sein könnte, geschweige denn ein Trennungsgrund. Aber in diesem Fall war es so. Fast jedes Mal, wenn Martin und ich uns unserer Lust hingeben wollten, tauchte das Fellbüschel auf, schnurrte mir während des Liebesakts ins Gesicht oder legte sich neben uns und schaute desinteressiert zu. Wollten Martin und ich miteinander ins Theater oder ins Kino gehen, kamen wir regelmäßig zu spät, weil die Katze unauffindbar war und Martin nicht eher aus dem Haus ging, bis er sie gefunden hatte. Beim Abendessen bei ihm klaute das impertinente Biest alles, was es erhaschen konnte, und setzte sich auf Martins Schoß, sobald wir essen wollten. Mal schrie sie mitten in der Nacht, weil sie rauswollte, ein anderes Mal saß sie auf dem Fensterbrett und jammerte erbärmlich, weil sie reinwollte. Minnie legte sich mit Vorliebe auf meine ausgezogene Kleidung und liebte meine hohen Schuhe. Die Absätze eigneten sich anscheinend hervorragend zum Krallenwetzen. Und immer hielt Martin eine Entschuldigung parat. *Minnie war langweilig. Minnie fühlte sich allein gelassen. Sie sucht doch bloß Kontakt. Minnie mag dich, weiß nur noch nicht, wie sie mit dir kommunizieren soll…,* Minnie hier, Minnie da…, ha, kommunizieren. Die Katze kannte nur eins, alles meins. Sie annektierte, okkupierte, drangsalierte und intrigierte. Mit Raffinesse und Tücke, und stets mit Vorsatz. Dazu dieser statuenhafte taxierende Blick, wenn sie in erhabener Pose mit um die Pfoten gelegtem Schwanz lautlos wie ein Wächter irgendwo saß und das Geschehen beobachtete. Nur um sich im unpassendsten Moment maunzend einzumischen. Oder wenn sie mit dieser unaufgesetzten Eleganz durch ihr Reich strich, über Mobiliar schlich, ohne dass jemals etwas zu Bruch ging. Oh wie ich sie hasste, diese allgegenwärtige Präsenz und Ignoranz, mit der sie mir zu verstehen gab, dass ich überhaupt nicht existent war. Am Schlimmsten waren die mehrmals täglichen Pflegerituale. Das Biest wirkte dabei derart meditativ, dass ich befürchtete, sie wolle mich hypnotisieren. Vor lauter Wut kickte ich eine leere Büchse, die auf dem Gehweg lag, weg. Diese Grazie, diese wunderschönen Augen, dieses plüschig weiche Fell. Damit konnte ich nicht mithalten. Ich kickte die Dose noch mal weg und lauschte, wie sie scheppernd über den Asphalt rollte. Sollte ich sie vergiften, fragte ich mich, und labte mich an der Vorstellung, wie Martin auf allen vieren durch die Wohnung kriechen würde. *Minnielein, wo bist du denn? Psspsspsspss....,* aber Minnielein wäre einfach nicht mehr da, sondern tot und hübsch verpackt in ausrangierten Einkaufstüten gewickelt im Müllschlucker.

Ich schüttelte den Kopf. Martin gab seiner Katze den Vorzug. Mein Stolz war tief verletzt, gestand ich mir ein, so stark, dass ich schon einen Mord an einer Katze plante. Was war bloß in mich gefahren?

Kaum daheim angekommen, klingelte bereits das Telefon. »Laura, Liebling, es tut mir leid. Wir werden Minnie in Zukunft einfach aus dem Schlafzimmer aussperren.«

Ich glaubte, mich verhört zu haben. »Ach ja? Und dann maunzt das Minnielein zweimal an der verschlossenen Tür, und du springst aus dem Bett. Deine Erektion verzieht sich ins Nirwana und ich kann später heimlich masturbieren«, zischte ich in den Hörer. Das Bild der toten Katze im Müllschlucker beflügelte mich noch immer.

»Laura, tust du das etwa wirklich?«

»Ja, was meinst denn du, wohin meine Hormone fliegen? Ich habe keine Katze.«

»Ich verstehe. Die Fronten haben sich erhärtet.«

Ich erwiderte nichts. Es gab auch nichts zu sagen.

»Dann komme ich eben in Zukunft zu dir.«

Das wurde ja immer besser. »Sag mal, bist du auf den Kopf gefallen oder was? Ist das die Lösung? Mich bei mir besuchen und dem Biest schon wieder nachgeben? Ich glaube fast, *du* brauchst einen Besuch bei einem Kollegen von dir. Martin, eine Katze ist ein Tier, …«, versuchte ich es mit Engelszungen, »ich bin ein Mensch, verstehst du den Unterschied.«

»Behandele mich nicht wie einen dummen Jungen«, meinte Martin in seinem schulmeisterlichen Diplompsychologenton.

»Du verhältst dich aber wie einer.«

Er antwortete nicht, sondern legte grußlos auf.

Völlig frustriert schrieb ich eine E-Mail an meine Mutter:

Liebe Mama, die Beziehung zu Martin ist zu Ende. Den Hochzeitstermin könnt Ihr wieder absagen. Es tut mir leid, aber Martin liebt seine Katze mehr als mich. Liebe Grüße, Laura.

Kaum zwei Minuten später bekam ich Antwort:

Schaff dir auch eine an. Sehr beruhigend, so eine Katze im Haus. Man kann sie immer streicheln, auch wenn niemand da ist. Eine Katze tröstet und liebt bedingungslos. Lass sie so, wie sie ist, und sie wird dich lieben und verehren. Vor allem sind Katzen unabhängiger, reinlicher und unkomplizierter als Männer. Alles Liebe, Deine Mutter.

Vielleicht hatte meine Mutter ja recht.

Christl Hinner

Hamlet

»Hamlet war wieder einmal hervorragend!« Der Professor hielt mit beiden Händen den kleinen wendigen Tierkörper, der sich an seinen Rauschebart kuschelte. Das spitze, zartrosa Schnäuzchen schnupperte begeistert den Geruch von Essensresten, Schweiß, Tabak, Aftershave zwischen den gekräuselten mehlweißen Haaren und drängte den Kopf in die dichte Pracht. Der ebenfalls vorhandene Katzengeruch störte die Glückseligkeit etwas, die Hamlet jedes Mal befiel, wenn der Professor ihn nach einem gelungenen Experiment auf sich herumkrabbeln ließ.

»Soll ich ihn morgen fürs Sezieren vorbereiten?«, fragte die Labormitarbeiterin Marianne.

»Perhaps«, sagte ihr Chef, dessen Entscheidungsfreudigkeit sich in Grenzen hielt und der daher seit Jahren von jedermann Dr. Perhaps gerufen wurde, in Anlehnung an Dr. No, den Katzen kraulenden Gegenspieler von James Bond. Außerdem vermied man so die Aussprache seines tatsächlichen Namens, der eine unaussprechliche Ansammlung von Konsonanten enthielt.

»Wir hatten noch nie so ein intelligentes Versuchstier. Ich würde ihn ungern verlieren.«

Hamlet erfüllte eine große Freude und ohne Widerstreben ließ er sich in seinen Käfig zurückbringen. Zwar sehnte er sich danach, seziert zu werden, was für ihn so viel bedeutete wie Freiheit, aber das hieße auch Trennung vom Professor. Alle seine Mitgenossen, die von Marianne zum Sezieren gebracht wurden, kehrten nicht mehr in ihre Käfige zurück, sondern gingen hinüber, wie Dr. Perhaps jedes Mal betonte, in eine bessere Welt.

Der Käfig wurde geschlossen und Hamlet sah, wie Shiva, die er hasste, am Türrahmen auftauchte, einen Buckel machte und maunzte.

»Shiva, mein Liebling, komm her!« Der Professor nahm die weiße Angorakatze hoch, legte sie sich über die Schulter, wo sie wie eine Verlängerung der schlohweißen Lockenpracht wirkte, die das mild lächelnde Gesicht des fast Siebzigjährigen umrahmte. Dieser schmiegte seinen Kopf an das dichte Fell der Katze und sagte zu Marianne:

»Sollte etwas sein, ich bin im Büro.«

Hamlet, der im Labor geboren war, betete den Professor an. Er war der einzige Mensch, der ihn fast wie seinesgleichen behandelte. »Ich glaube, Hamlet ist so klug wie ich!«, hatte Dr. Perhaps einmal gesagt. »Ich möchte, dass Sie ihn mit Respekt behandeln, Marianne.«

Marianne mochte Hamlet nicht, hielt sich aber an die Anweisung. Diese Ratte, die mit ihren dunklen Knopfaugen alle Vorgänge genauestens beobachtete, war ihr unheimlich.

Vor allem hatte sie bemerkt, dass Hamlet eine Bedrohung ausstrahlte, wenn der Professor mit Shiva den Raum betrat und die Katze unablässig kraulte, während er seine Anweisungen gab. Shiva, ohne die Dr. Perhaps fast nicht denkbar war, ließ die Liebkosungen des Professors scheinbar unbeteiligt über sich ergehen.

»Wissen Sie«, hatte Dr. Perhaps einmal zu Marianne im Beisein von Hamlet gesagt, »sie ist strohdumm, aber schön, wunderschön.« Und er hatte zärtlich lächelnd einen Kuss in das weiße Fell gedrückt. Marianne hatte Hamlet beobachtet und eine Gänsehaut bekommen.

»Sie sollten Shiva aber nicht mit Hamlet alleine lassen, glaube ich.«

»Aber Shiva ist doch gar nicht in der Lage, eine Ratte zu stellen, Marianne.«

»Ich meinte es eher umgekehrt!«

Dröhnend hatte der Professor gelacht. Zum Entsetzen von Marianne hatte er Shiva auf den Boden gesetzt und Hamlet ebenfalls. Aber Hamlet war klug gewesen. Es war ihm sehr schwer gefallen, sich zu beherrschen. Er hatte sich in eine Ecke zurückgezogen und zitternd seine Mordlust bezähmt.

»Sehen Sie, Marianne, dagegen kann auch Hamlet nicht an, gegen seine Natur. Ratten fürchten Katzen!«

Shiva hatte wie ein hypnotisiertes Karnickel dagesessen. Und Marianne hatte anschließend einen Cognac getrunken.

»Machen Sie das lieber nicht noch einmal«, hatte sie zum Professor gesagt, der Hamlet vorsichtig und mit beruhigenden Worten zurück in den Käfig setzte. Und Hamlet hätte diesen Rat wiederholt, wenn er hätte sprechen können. So quiekte er nur durchdringend.

War Schönheit so viel besser als Intelligenz, fragte sich Hamlet? Er, der die schwierigsten Aufgaben löste, mit Leichtigkeit Labyrinthe erkundete, deren Ausgänge fand, Farben und Formen unterschied und zuordnete, der oftmals vor Dr. Perhaps wusste, was dieser von ihm wollte, er war der würdige Partner für diesen fähigen Wissenschaftler. Nicht dieses hirnlose, fette Stück Fell, das nichts anderes tat, als herumzuliegen, zu fressen und sich streicheln zu lassen. Wenn Shiva verschwinden würde, brauchte er nicht mehr aufs Sezieren zu warten. Dann, er war sich sicher, würde der Professor ihn zum Genossen wählen, ihn, der Dr. Perhaps liebte und verehrte, seit er denken konnte. Hamlets Gehirn grübelte unermüdlich nach einer Lösung. Selbst im Schlaf suchte es nach Methoden, wie Shiva vernichtet werden konnte, ohne dass er, Hamlet, der Schuldige sein würde.

Als Fred auftauchte, frohlockte Hamlet. Fred, der den Professor hinter dessen Rücken den Alten nannte und die Versuchstiere abwertend als Viecher bezeichnete, hatte einzig für Shiva eine unerklärliche Vorliebe entwickelt. Deshalb war er derjenige, der Marianne oder den Professor bei längerer Abwesenheit vertreten durfte, obwohl Fred, wie der Professor oft betonte, äußerst unzuverlässig war. Wenn Marianne Fred immer wieder erklärte, dass die Käfige der Versuchstiere unbedingt mit den dafür vorhandenen Schlössern gesichert werden mussten, brach Fred in wieherndes Gelächter aus. Und wenn sie ihn auf den Sonderstatus von Hamlet hinwies, hüpfte er in Pfötchenhaltung im Raum herum, quiekte albern und rief mit hoher Stimme:

»Ich bin eine intelligente Ratte! Ich bin genial, schlau und scharfsinnig!«

Er ahnte nicht, wie sehr alle diese Eigenschaften auf Hamlet zutrafen.

Betrat jedoch Shiva den Raum, änderte sich Freds Verhalten vollkommen. Er streichelte sie, flüsterte zärtliche Worte und hatte immer eine Leckerei für die Angorakatze. Deshalb war es nicht verwunderlich, dass sich Shiva nun häufiger als sonst im gleichen Raum mit Hamlet befand. Marianne schien Fred nicht zu mögen, besonders seine Art, ganz plötzlich hinter sie zu treten und sie abrupt an sich zu pressen.

»Lassen Sie das«, fauchte sie dann.

Dieser Fred war wirklich dumm, dachte Hamlet. Er wusste ganz genau, was Fred wollte. Aber Fred näherte sich Marianne immer zum falschen Zeitpunkt. Sein Riechorgan, das nicht einmal sehr klein war, schien verkümmert. Tage, an denen Hamlet den Geruch der Bereitwilligkeit an Marianne wahrnahm, ließ Fred ungenutzt verstreichen, während er an anderen Tagen eine Abfuhr nach der anderen kassierte. Heute, zum Beispiel, duftete Marianne mehr als bereit.

»Komm Shiva, komm meine Kleine«, lockte Fred, die mit hoch erhobenem Schwanz auf ihn zusteuerte. »Heute habe ich etwas besonders Feines für dich.«

»Sie machen die Katze noch fetter und unbeweglicher«, tadelte ihn Marianne, um dann aufzuschreien: »Halt! Was geben Sie ihr denn da?«

»Das ist eine leckere Schokoladenpraline.«

»Sind Sie verrückt?« Sie entriss ihm die braune Köstlichkeit. »Man sollte nicht meinen, dass Sie Biologe sind!«

»Aber wieso denn?«

»Wissen Sie denn nicht, dass Schokolade für Katzen Gift ist? Shiva könnte sterben!«

»Sie machen Witze!«

»In Schokolade ist Koffein und Theobromin enthalten. Diese Stoffe lösen bei Katzen Herzrasen, Herzrhythmusstörungen, manchmal sogar epileptische Anfälle aus und können zu Herzstillstand und Tod führen. Wo haben Sie bloß studiert?«

»Das wusste ich nicht, ehrlich. Komm Shiva, tut mir leid. Jetzt habe ich gar nichts für dich.« Und wieder nahm er die fette Katze auf den Schoß, statt nach Marianne zu greifen.

»Nehmen Sie wenigstens eine Praline, Marianne?«

»Ich muss Hamlet noch frisches Wasser geben und Sie sollten endlich die heutigen Aufzeichnungen vervollständigen.«

Hamlet war wie elektrisiert. Hätte dieses Katzenvieh die braune Kugel wirklich gefressen? Wahrscheinlich, denn sonst hätte Marianne nicht so aufgeregt reagiert. Diese dumme Katze hätte ihren eigenen Tod herbeigeführt.

Während Marianne vorsichtig den Wasserbehälter austauschte, sah Hamlet, dass Fred die Katze zu Boden ließ und sich der Assistentin von hinten näherte. Na endlich, die Ausdünstung der jungen Frau füllte bereits den ganzen Raum aus. Marianne sagte nur: »Fred.« Aber so wie sie es sagte, erkannte sogar dieser, was los war.

»Komm!« Er riss sie an sich.

»Nicht hier! Der Professor!«

Der Professor, dachte Hamlet, lachhaft! Der Professor liebte es, bei solchen Sachen zuzuschauen. Er sah immer zu, wenn Hamlet eine Rättin schwängerte. Er feuerte ihn sogar an.

Nur Shiva war jetzt noch im Raum. Sie schnupperte hoch erhobenen Kopfes. Dann sprang sie schwerfällig auf den Bürostuhl und weiter auf den Schreibtisch, auf dem die offene Pralinenschachtel lag. Gierig versuchte sie, eines der braunen Stücke herauszuholen. Dabei rutschte die Schachtel immer weiter zum Tischrand und fiel schließlich zu Boden. Die braunen Kugeln verteilten sich auf dem marmorierten Linoleum. Hamlet jubilierte und drängte sich quiekend an den

Käfigrand, um besser zusehen zu können. Da schwenkte die Käfigtür auf. Marianne hatte sie nicht verriegelt. Flink kletterte Hamlet hinaus. Gebannt beobachtete er, wie Shiva eine Praline zerkaute, dann noch eine. Dann saß sie regungslos da und schaute zu Hamlet herüber. Friss, du verdammtes Vieh, friss! Hamlet aktivierte seine ganze Willenskraft, um die Katze zum Weiterfressen zu animieren, aber sie rührte sich nicht. Bald würden die anderen wieder da sein! Friss doch, friss! Eine Welle von Hass durchströmte ihn. Und plötzlich traf ihn die Mordlust wie ein elektrischer Schlag. Ehe seine Intelligenz eingreifen konnte, hing er schon an der Kehle der Feindin, biss immer wieder durch das dichte Fell, bis er Blut schmeckte und das Erlahmen ihres Körpers spürte.

»Shiva!« Der entsetzte Schrei des Professors durchschnitt Hamlets kleines Herz wie ein Skalpell. Er ließ von der Katze ab und floh in eine Ecke des Raums. Ununterbrochen stieß er qualvolle Demutsschreie aus, in denen sich die ganze Pein seiner Liebessehnsucht widerspiegelte, die nun für immer ungestillt sein würde. Er sah, wie Dr. Perhaps das weiße Fellbündel, auf dem sich blutrot Hamlets schreckliche Tat abzeichnete, zärtlich an sich drückte. Sah, wie er schluchzend nach Fassung rang. Marianne und Fred standen bleich im Türrahmen.

Keinen Blick gönnte der alte Mann mehr Hamlet.

»Sezieren. Morgen.«

»Hamlet?«, fragte Marianne.

»Ja«, hauchte der Professor und drängte an Fred und Marianne vorbei aus dem Raum.

Was für ein großartiger Mensch sein Professor doch war. Obwohl er ihm das Liebste für immer genommen hatte, bestrafte er ihn nicht, sondern ließ ihn sezieren. Voller Hochachtung und Dankbarkeit ließ sich Hamlet von Fred am Schwanz hochnehmen und in den Käfig zurücksetzen.

Morgen würde er seziert werden. Morgen würde er in die Freiheit entlassen werden, würde hinübergehen in eine bessere Welt. Das war zwar nicht sein größter Wunsch gewesen, aber sein zweitgrößter. Und der Mensch, den er am meisten liebte, erfüllte ihm diesen Wunsch, obwohl er, Hamlet, ihm das Wesen genommen hatte, das er am meisten liebte.

Magdalena Bott

Das Gesetz des Handelns

»Gib sie mir doch mal.«

»Du siehst doch, dass sie lieber auf meinem Arm sitzt.«

»Seitdem du das Kätzchen hast, hast du gar nichts mehr für mich übrig.«

»Ach, das bildest du dir nur ein.« Mark legte mir das Kätzchen in den Arm.

»Die ist wirklich süß. Und so verschmust.«

»Das Gegenteil von dir«, sagte er.

»Was meinst du damit? Bin ich dir nicht zärtlich genug? Hast du dich deshalb so mit der Katze?«

»Ach, lassen wir das. Alles nur wegen einem kleinen Kätzchen. Das hat meine Sarah wirklich nicht verdient.«

»Aber ich will es wissen. Was sollte diese Bemerkung?«

»Entschuldige, Meggie. Aber da steckt wirklich nichts dahinter. Natürlich bist du zärtlich.«

»Ja, aber reicht es dir denn? Oder brauchst du mehr Zuwendung? Anscheinend ja. Denn seitdem du die Katze hast, beschäftigst du dich nur noch mit ihr.«

»Das ist bestimmt nur am Anfang so. Sie ist halt goldig und noch so klein. Und du musst zugeben, dass man so ein Wollknäuel gerne im Arm hat.«

Ich gab ihm die Katze zurück. »Streichle du deine Sarah. Ich gehe nach Hause.« Ich griff nach meinem Rucksack und war weg. Er rief hinter mir her. Aber darum kümmerte ich mich nicht. Mir reichte es. Seitdem er das Kätzchen hatte, gab es andauernd Streit. Entweder hatte er keine Zeit, weil er mit Sarah spielen wollte, und wenn ich dann mal bei ihm war, beschäftigte er sich fast nur mit ihr. Als Kind durfte Mark kein Tier haben. Dass er es jetzt übertrieb, mag ja verständlich sein. Aber mir ging so langsam die Geduld aus.

Als ich zu Hause ankam, hatte Mark auf den Anrufbeantworter gesprochen: »Sag mal, Meggie. Das kann doch nicht sein, dass du wegen so ner Katze eifersüchtig bist. Bitte ruf mich zurück.« Ich löschte die Aufnahme.

Ja, ich war eifersüchtig auf eine Katze. »Eigentlich bescheuert«, sagte ich mir und musste plötzlich lachen. Ich rief Mark an. »Hi. Ich bin's. Du hast recht. Ich bin eifersüchtig auf deine Katze, obwohl ich sie selbst süß finde.«

»Ist schon okay«, sagte Mark. »Ich kann dich ja verstehen. Ich hab`s wirklich übertrieben mit Sarah.«

»Aber anscheinend hat uns dein Kätzchen auf grundsätzliche Probleme aufmerksam gemacht. Wir fühlen uns beide zu wenig beachtet. Oder wie siehst du das?«

Mark, der es gar nicht mochte, wenn ich Probleme ansprach, sagte überraschenderweise: »Da könntest du recht haben. Wir sollten mal in Ruhe darüber reden.«

Am nächsten Abend trafen wir uns bei mir. Wir redeten nicht groß über uns und die Katze, wir schliefen miteinander. Als wir uns nachher in den Armen lagen, flüsterte ich: »Oft machen Worte mehr kaputt, als gut. Da sollte man besser handeln.«

Jutta Nusch

Das Haus an der Klippe

Gefasst! Vauxhall-Mörder im Morgengrauen gefasst. Das war die Schlagzeile des Tages. Monatelang hatte ein Serienmörder die Stadt in Angst und Schrecken versetzt. Er hatte Frauen über das Internet kennengelernt, sie ausgespäht und später fünf von ihnen in einem rostigen, alten Chevette bestialisch ermordet. Sein sechstes Opfer konnte entkommen und lieferte der Polizei schließlich den alles entscheidenden Hinweis auf die Identität des Mannes.

Detective Sergeant Daniel D. Browster aus Millcrest County saß an seinem Schreibtisch und schloss den Fall des Mannes, der als »Vauxhall-Mörder« in die Kriminalgeschichte eingehen würde, nicht ohne Stolz ab; war er doch maßgeblich an seiner Ergreifung beteiligt.

Zwei Stunden noch. Ein paar Akten ordnen und abheften. Dann hatte er frei. Endlich frei. Ein langes Wochenende. Und das war auch dringend nötig. Seine Kollegen und er hatten tage- und nächtelang durchgearbeitet, ohne Pause, ohne Schlaf, ohne Familie und Freunde zu sehen. Er hatte Linda sträflich vernachlässigen müssen. Jetzt hatte er ein langes Wochenende und wollte sich nur ihr widmen.

»He Daniel, du hast doch gerade nichts?« Das aber klang gerade bedrohlich nach neuer Arbeit. Sein Chef, ein untersetzter Mann in den Fünfzigern, für den es offenbar nie passende Hosen zu geben schien, hatte das Dienstzimmer betreten. »Hier ist eine Vermisstenanzeige in Greenmeadows. Das liegt auf deinem Weg. Ein alter Mann. Das sollte schnell gehen. Hier sind die Unterlagen.«

Ein blauer Hefter klatschte auf den Schreibtisch. »Die Akten da können warten. Melde dich, wenn du das hier erledigt hat. Ach und … schönes Wochenende.« Dann war er auch schon wieder verschwunden.

Daniel klappt den Ordner zu, stellte sein Telefon auf einen Kollegen um, nahm sein Diensthandy und ging in die Tiefgarage. Hoffentlich ging das wirklich schnell!

Greenmeadows war eines jener beschaulichen Dörfer an der Küste, die gerne von Touristen besucht, für Reiseführer ermüdend oft fotografiert und von Immobilienmaklern langsam entseelt wurden. Daniel fuhr die Landstraße entlang und fand das Haus des vermissten Archibald Inkpen schnell. Das alte Cottage lag etwas außerhalb, direkt an der Klippe. Es war reetgedeckt, hatte Sprossenfenster, eine schwere hölzerne Eingangstür und lag in einem verträumten, ja geradezu verwunschenen Garten. Solche Häuser konnte man eigentlich nur erben; oder kaufen, wenn man reicher Londoner Banker war. Hier aber würde die weltweite Wirtschaftskrise wahrscheinlich bald einen Riegel vorschieben. Vielleicht hörte das Entseelen dieser zeitvergessenen Ortschaften dann endlich auf. Die schönen alten Cottages würden wieder wahren Bewohnern und nicht skrupellosen Spekulanten überlassen.

Daniel öffnete das Gartentor. Es quietschte. Der Weg war schattig. Schmiedeeiserne Bögen halfen Rosen, Clematis und wildem Wein beim Ranken. Er tauchte ein in den Garten und damit in ein längst vergessenes Gefühl von Heimat. Der Garten war ein Füllhorn aus Blüten und Blumen – in Beeten, Rabatten, in Kübeln und Töpfen. Lilien, Lupinen und Levkojen, Löwenmäulchen, Lavendel, Eiben, Efeu und Eisenhut. Dies war der Garten eines fleißigen Gärtners. Hinten in einer Ecke, nahe der Klippe, stand ein Komposter, gut verborgen hinter einer Steinmauer. Tiefe Furchen einer Schubkarre verrieten, dass auch die natürlichste Natur nicht ohne fleißiger Hände Arbeit so gedeihen konnte.

Er klopfte an die Tür. Schritte näherten sich, eine elegante, ältere Dame in einem Tweedkostüm stand im Türrahmen. DS Browster stellte sich vorschriftsmäßig vor und erklärte, er sei wegen der Vermisstenanzeige gekommen.

»Oh, ich verstehe. Kommen sie doch bitte herein.« Mrs. Inkpen trat zurück und gab den Weg frei. Frei in eine Zeit, die Daniel nicht mehr erlebt hatte. »Merry old England«. Gekälkte Wände, dunkles Holz, voluminöse Sessel und karierte Vorhänge.

»Darf ich ihnen eine Tasse Tee anbieten?«

»Gerne«, antwortet Daniel gedankenverloren. Mrs. Inkpen verschwand in der Küche. Geschirr klapperte. Er überließ sich dem Raum. In der Ecke stand eine schwere, lederne Überseetruhe mit Metallbeschlägen und Nieten. Thron einer großen, weiß-hellrot braunen Katze, die bequem ausgestreckt auf einem handgestrickten Wollpullover lag, den Kopf auf die Vorderpfoten gebettet. Neben ihr auf der Anrichte stand eine Vase mit weißen Lilien. Daniel kannte die Rasse der Katze nicht. Aber er zweifelte nicht daran, dass dieses imposante Tier wohl das Wertvollste war, was in diesem Haus zu finden war. Die Katze hob den Kopf und sah Daniel an. Sie hatte längst bemerkt, dass sie angestarrt wurde. Mit einem leisen, erhabenen Gurren ignorierte sie Daniels Anwesenheit, legte den Kopf wieder auf die Pfoten und döste weiter.

»Ah, Portsmouth, mein Kater. Na ja, eigentlich ist er ja der Kater meines Mannes und heißt ›Pride of Portsmouth‹.«

Rosalind Inkpen stellte ein Tablett mit einer Kanne, zwei Tassen, Sahne, Zucker, Zitrone und etwas Gebäck auf ein kleines Tischchen und schenkte ein. Der stattliche Kater hatte sich erhoben. Sein buschiger Schwanz tanzte durch die Luft. Er glitt von der schweren Truhe und lief lautlos zu ihr.

»Was ist das für eine Rasse? So einen Kater habe ich noch nie gesehen.«

»Maine-Coon. Ein red-silver-blotched-tabby/white Maine-Coon-Kater«, antwortete Mrs. Inkpen.

»Maine-Coon? Sind das nicht ›Waschbär-Katzen‹.«

»Ja, ist das nicht ein herrlicher Blödsinn. Als ob sich eine Katze je mit einem Waschbären einlassen würde. Niemals würde es ihnen einfallen, so etwas Törichtes zu tun.« Der Kater hatte es sich auf ihrem Schoss bequem gemacht und schnurrte leise. »Mir gefällt die Legende von Captain Coon viel besser.« Sie streichelte den langen, königlichen Kopf des Katers. Die Luchspinsel an seinen Ohren zuckten sanft. »Wissen Sie, die Legende rankt sich um einen Handelskapitän namens Coon, der damals die neue Welt bereiste. Man erzählt sich, dass er einen stattlichen Kater hatte, der sich gerne mit heimischen Katzen in den Häfen vergnügte. Als man einmal einen Wurf langhaariger Katzenkinder fand, soll einer der Matrosen gesagt haben: »Wieder kleine Coon-

Katzen!« Mrs. Inkpen lachte vornehm. »Das gefällt mir gut. Das passt zu meinem Mann.«

»Und genau über den sollten wir auch sprechen.« Daniel löste sich aus seiner Verzauberung. »Ihr Mann ist seit etwa einer Woche verschwunden. Kommt das häufiger vor?«

»Wie meinen Sie das?« Mrs. Inkpen fragte erstaunt.

»Ich meine, kommt es häufiger vor, dass Ihr Mann über Nacht oder auch länger fort bleibt, ohne sich bei ihnen zu melden?«

»Früher schon. Er war Kapitän, müssen sie wissen. Er war Kapitän auf einem Handelsschiff – zuletzt auf der Pride of Portsmouth. Er war oft monatelang nicht zu Hause.« Mrs. Inkpen zeigte auf die schwere Replik eines Schiffsankers.

»Gut. Aber das meine ich nicht.« Daniel wurde langsam ungeduldig. »Eigentlich wollte ich wissen, ob er außerhalb seiner Dienstreisen schon mal nicht nach Hause gekommen ist?«

»Ja, sicher, das kam schon das ein oder andere Mal vor. Wenn er mit den Offizieren und Matrosen durch die Pubs zog. Aber er ist immer wieder nach Hause gekommen. Immer wieder zurückgekehrt zu Portsmouth und mir.« Sie streichelte über den langen Rücken des Katers, der sich zufrieden auf ihrem Schoss rekelte.

»Gut. Gibt es Verwandte oder Freunde, bei denen er sich aufhalten könnte?«

»Nein. Mir sind keine Freunde bekannt.«

»Kinder?«

»Nein. Ich habe keine Kinder.«

»Hat Ihr Mann irgendwelche Beschwerden oder Krankheiten, die einen Aufenthalt im Krankenhaus notwendig machen könnten? Reine Routine. Ich frage nur, um auszuschließen, dass Ihr Mann möglicherweise mit einem Herzinfarkt oder etwas Ähnlichem in ein Krankenhaus eingeliefert worden sein könnte.«

»Nein, ich weiß von keinen Beschwerden oder Krankheiten.«

Er würde nachher alle Krankenhäuser abtelefonieren – sicherheitshalber – , ausschließen konnte man diese Möglichkeit nie.

Mrs. Inkpen nippte an ihrem Tee.

»Er würde Portsmouth niemals verlassen. Er liebte diesen Kater. Und der Kater liebt ihn.« Sie fuhr ihm sanft durch sein dichtes Fell. »Wissen Sie, er streichelte seinen Kater fast mehr als mich.« Sie errötete leicht und lächelte. Daniel starrte Rosalind Inkpen an. Gewiss, sie hatte ihren Mann vermisst gemeldet – aber tat sie das auch?

Er würde das Routineprogramm abspulen – morgen. Vielleicht würde Linda ja verstehen, wenn er morgen früh telefonierte und einen kurzen Bericht schrieb. Das würde dem gemeinsamen Wochenende sicher keinen Abbruch tun. Er trank den Tee und drehte noch eine letzte Runde mit den Augen durch den Raum. Dann verabschiedete er sich bei Rosalind Inkpen. Er würde Dienstag wiederkommen. Vielleicht war Archibald Inkpen ja bis dahin irgendwo wieder aufgetaucht. Er ging durch den Garten.

»Suchen Sie den Alten?«

Daniel zuckte zusammen. »Wer, ich?«

»Ja Sie! Sind Sie von der Polizei?«

»Ja!« Daniel sammelte sich: »Ich bin DS Browster.« Er zückte erneut seine Marke. Vor ihm hatte sich eine runde

Endsechzigerin mit bunter Kittelschürze und offenbar unverhohlener Neugier aufgebaut. In dem Haus gegenüber standen Eingangstür und Gartentor offen.

»Das musste ja eines Tages so kommen. Die arme Mrs. Inkpen. Der Alte war ein echter Streuner, müssen Sie wissen.« Sie stemmte die Hände in die fleischigen Hüften. »Mein Name ist Geraldine Westmacott.«

»Ich höre, Mrs. Westmacott...«

»Miss Westmacott!«

»Miss Westmacott. Was veranlasst Sie zu dieser Annahme?«

»Na, der wird vermutlich völlig betrunken bei irgendeinem kleinen Kätzchen gelandet sein. Und da schnurrt er jetzt, wenn Sie wissen, was ich meine.« Sie grinste so hämisch, dass sich Daniel zusammenreißen musste, so viel Dreistigkeit nicht zu kommentieren.

»Einem Kätzchen?«

»Ja, einem Kätzchen, einem Flittchen...«

»Ist ja gut.« Er dachte an den herrlichen Kater, »Ich weiß, was Sie meinen.« Daniel hasste Menschen, die sich ungebeten in das Leben ihrer Nachbarn hineinschlängelten und bereitwillig Dinge ausplauderten, über die sie nicht viel oder eigentlich gar nichts wussten. Aber so war der Job.

»Woher wissen Sie das?«

»Ach, das weiß doch jeder hier. Der Alte war hinter jedem Rock her.«

Geraldine Westmacott sah ihm direkt in die Augen. Die Penetranz dieser Person nervte ihn zunehmend.

»Wissen Sie, Ashfield House gehört IHR. Sie hat es von ihren Eltern geerbt. Er war arm wie eine Kirchenmaus, bevor er sie geheiratet hat und sie ihm mit ihrem Geld die Kapitänslaufbahn ermöglicht hat. Er war immer schon scharf auf ihr Geld. Aber er ist eben auch ein äußerst charmanter Gentleman. Auch wenn er irgendwie immer wie ein Seemann aussieht mit diesem scheußlichen Aran-Sweater, den er bei jedem Wetter trägt.«

»Aran-Sweater?« Daniel sah Miss Westmacott erstaunt an.

»Ja, das sind handgestrickte Pullover von den Aran Islands. Die irischen Seeleute von dort trugen sie bei der Arbeit. Jede Familie hatte in früheren Zeiten ihr eigenes Strickmuster. Auf diese Weise konnte man ertrunkene Seeleute ganz leicht identifizieren. Heute sind das nur noch Souvenirs.« Sie machte eine kurze Pause, holte Luft und plauderte dann munter weiter: »Und dann dieser Kater. Er kümmerte sich ja bald mehr um dieses Vieh als um die arme Rosalind.« Sie schüttelte verständnislos den Kopf.

»Aber der Gipfel der Missachtung war das noch nicht. Da kann ich Ihnen noch ganz andere Geschichten erzählen.«

Daran zweifelte Daniel nicht. Meine Güte, gäbe es eine Hausfrauenabteilung beim MI6, sie wäre prädestiniert dafür gewesen. Ms. Westmacott trat einen Schritt auf ihn zu, hielt die Hand vor den Mund und flüsterte dann fast: »Es ist noch gar nicht so lange her, da habe ich ihn hier mit einem vornehmen Paar gesehen. Sie sind mit Mr. Shellwood, dem Immobilienmakler gekommen. Sahen aus wie Londoner, vornehme Kleidung und ein schicker Sportwagen. Der Alte hat ihnen alles gezeigt. Die Frau war ganz entzückt und hat im Garten mit den Armen herumgefuchtelt.« Miss Westmacott machte eine ausladende Geste. »Der Alte wollte bestimmt alles für teures Geld verkaufen.

Wenn man gut verhandelt, können solche Anwesen viel, sehr viel Geld bringen. Das hätte die arme Mrs. Inkpen sicher nie zugelassen. Das Erbe ihrer Eltern.« Sie schaute auf den prächtigen Garten. »Arme Rosalind. Soll sie doch froh sein, wenn er nicht wieder auftaucht.«

Daniel nutzte die theatralische Pause, um sich zu verabschieden. Er würde einen kurzen Bericht schreiben und dann hatte er endlich Wochenende. Was sollte er auf das Geschwätz einer ältlichen, viel zu neugierigen Jungfer geben. Das war ein ganz normaler Fall. Entweder die Alte hatte recht und er lag bei einer anderen im Bett, oder ihm war etwas zugestoßen. Aber das würde er morgen über den Notdienst erfahren.

Er hatte mit Linda telefoniert und sich lang und breit bei ihr entschuldigt. Nun war er endlich auf dem Weg zu ihr. Es war mittlerweile dunkel geworden. Die Landstraße glich eher einer Stoßdämpferteststrecke und verdiente den Namen Straße nicht. Er war müde.

Plötzlich taucht etwas Großes, Schwarzes im Kegel seines Scheinwerfers auf. Ein Katze, die gerade noch rechtzeitig zur Seite sprang. Die Bremsen quietschten, der Wagen brach nach hinten aus und rutschte seitlich von der Fahrbahn in den Graben.

Das war gerade noch einmal gut gegangen. Er stieg aus und ging um das Auto herum. Der Wagen hatte offensichtlich nichts abbekommen. Aber alleine kam er hier nicht mehr heraus. Er rief erst Linda an, dann die örtlichen Kollegen. Schließlich lehnte er sich gegen sein Auto, starrte in die Nacht und wartete. Irgendwann kamen die Kollegen mit dem Abschleppwagen.

Die Katze saß während der gesamten Bergung des Autos in gebührender Entfernung unter einer Hecke und beobachtete das Geschehen. Daniel sah ihre Augen im Licht der Scheinwerfer. Es war ein unheimliches, geradezu menschliches Beobachten. Daniel dachte an Rosalind Inkpen, Archibald Inkpen, Linda, er würde sich wieder verspäten. Die Augen der Katze leuchteten. Wusste sie, dass sie schuld an seinem Unfall war? Und wenn, war es nicht überhaupt seine eigene Dummheit... Dummheit. Ein mulmiges Gefühl überkam ihn. Was stimmte mit den Bildern, die er heute gesehen hatte, nicht? Es war wie ein gut inszeniertes Suchbild, ein Theaterstück. Und war Rosalind Inkpen eine Schauspielerin oder war sie echt? Vielleicht war sie wie die Katze, die da im Schutze der Dunkelheit unter der Hecke saß und ihn offensichtlich belustigt beobachtete. Mit einem kräftigen Ruck stand der Wagen wieder auf der Straße.

Eine Katze... ein Kater... Portsmouth tänzelte durch seine Gedanken. Der Kater. Was, wenn das alles doch nicht so eindeutig war. Was, wenn Archibald Inkpen ein Opfer war – kein Täter – , wie alle versuchten, ihm weiszumachen? In Gedanken wanderte er erneut durch den Garten. Rosalind Inkpen öffnete ihm die Tür. Er betrat das Haus und sah sich um. Gekälkte Wände, karierte Vorhänge, Häkeldecken auf den Sesseln, eine schwere Überseetruhe, auf der ein prächtiger Kater döste, bequem ausgestreckt auf einem Aran-Sweater. Ein Kater, der sein Herrchen liebt und sein Herrchen ihn. Zu dem der alten Inkpen immer wieder zurückkehren würde. Eine elegante Dame, die ihren Mann zwar als vermisste gemeldet hatte – es aber offensichtlich nicht tat... Der

Kater, der Aran-Sweater, die Truhe... Er musste noch einmal in dieses Haus.

Linda war sauer und hatte keinerlei Hehl daraus gemacht. Dennoch konnte Daniel ihr klarmachen, dass er Mrs. Inkpen noch einmal aufsuchen musste.

Und so stand er wieder vor dem Haus mit dem überbordenden Garten. Der süßliche, schwere Geruch von Rosen hing in der Luft. Gartenhummeln tanzten um den prächtig blühenden Eisenhut. Das Tor quietsche. Er ging auf das Haus zu. Was sollte er sagen, weshalb er nochmals hergekommen war? Er klopfte an. Es dauerte einen Moment und die Tür wurde geöffnet. Rosalind Inkpen hielt Portsmouth auf dem Arm, der wohlig, zufrieden schnurrte.

»Detective Browster, haben Sie meinen Mann gefunden?«

»Nein, ich wollte mich nur noch kurz erkundigen, was Ihr Mann am Tag seines Verschwindens trug.« Gut, Daniel, dachte er, wirklich gut... Das hättest du auch telefonisch klären können...

»Ich verstehe. Kommen Sie doch bitte herein. Möchten Sie eine Tasse Tee. Daniel nickte höflich. Mrs. Inkpen setzte den immer noch schnurrenden Portsmouth sanft auf den Boden. Sie verließ den Raum in Richtung Küche. Daniel ging auf die Couch zu. Portsmouth folgte ihm. Er hörte Geschirr in der Küche. Er sah sich um. Der Kater lief auf die Truhe zu. Heute aber lag der Aran-Sweater nicht darauf und so schlenderte der Kater zum Sessel, nicht ohne ihn herablassend zu beobachten. Daniel sah sich um. Dann ging er vorsichtig auf die Truhe zu. Groß, schwer und dunkel. Zweifelsohne groß genug für einen ausgewachsenen Mann. Sein Herz begann heftiger zu schlagen. Er fühlte sich wie im Fieber.

Er sah wieder in Richtung Küche. Nichts. Nur ein Pfeifkessel. Mit zitternder Hand griff er zum Deckel. Er hob ihn an. Der Deckel quietschte. Er sah sich wieder um. Hatte sie das gehört? Nein. Dann wagte er einen Blick in die Truhe. Die Truhe war leer. Auf dem Grund lag lediglich der Aran-Sweater und ein Buch. Daniel hob es hoch und las den Titel.

Agatha Christie – *Das fehlende Glied in der Kette.*

Beryl Bolduan

Bella

Vor vier Wochen habe ich einen reizenden Mann kennengelernt. Er ist charmant, in den besten Jahren, gut aussehend, gepflegt und er riecht fantastisch. Ich bin im Allgemeinen zurückhaltend bei Männern, aber bei ihm verlor ich gleich den Kopf.

Seine Annäherungsversuche waren zaghafter als meine. Ich muss gestehen, ich suchte recht schnell Körperkontakt – seine sanfte Stimme und diese weichen, warmen Hände waren verlockend. Außerdem spürte ich seinen Wunsch, mich zu berühren, und ich kam ihm nur zu gerne entgegen. So viel Zärtlichkeit und Freundlichkeit hatte ich lange nicht erfahren; wie sanft er mich streichelte und liebkoste! Ich hoffte ihn verführen zu können und auf eine dauerhafte Beziehung.

Unsere erste Begegnung war eher zufällig. Ich war ziellos spazieren gegangen und lief ihm über den Weg, als er gerade in seinem Vorgarten die Hecken schnitt. Sofort fühlte ich mich zu ihm hingezogen. Und ich muss ihm gleich gefallen haben, denn er sprach mich freundlich und interessiert an. Ich bin gewohnt, dass die Leute mich bemerken, aber ihre Kommentare sind nicht immer herzlich; oft sind es sogar Beleidigungen. Dann sehe ich zu, dass ich schnell weiterkomme und setze meinen Spaziergang woanders fort.

Am selben Abend noch lud er mich zum Essen ein; ich

nahm freudig an und genoss es sehr. Es war hervorragend. Ich muss hart für meine Mahlzeiten arbeiten; nicht jeden Tag gibt es eine derartige Köstlichkeit, und so zeigte ich mich selbstverständlich erkenntlich.

Zuerst war ich so betört von dem Essen, seinem liebevollen Wesen und seiner Fürsorge, dass ich den Duft des Weiblichen in seinem Haus nicht wahrnahm. Vielleicht wollte ich ihn nicht wahrnehmen. Später verabschiedete er mich zärtlich mit den Worten: »Ciao, Bella.« Bella – welch ein klangvoller Name! Er war Zucker für meine Ohren und meine Seele. Es lag eine Ewigkeit zurück, dass jemand einen so schönen Kosenamen für mich fand. Ich verstand sein Verhalten als Einladung zu weiteren Treffen und stattete ihm am nächsten Tag erneut einen Besuch ab. Er empfing mich freudig: »Ah, Bella, ich habe mir gedacht, dass du wiederkommst.« Nach dem Essen säuselte er mir Liebesbekundungen ins Ohr und verwöhnte und streichelte mich.

Mir war so wohlig bei ihm zumute, dass ich gar nicht mehr fort wollte, aber übernachten durfte ich nicht bei ihm. Ich ahnte den Grund dafür, denn nach ein paar Tagen konnte ich den Duft von Weiblichkeit im Hause nicht mehr verdrängen. Ich war unruhig und fürchtete mich vor einer Begegnung mit ihr; sicher wäre sie eifersüchtig und würde mich nicht dulden. Aber vielleicht war ich stärker und er würde sich für mich entscheiden oder mich wenigstens als Nebenfrau behalten. Ich hätte damit leben können. Aber schon bei dem ersten Aufeinandertreffen war deutlich, dass sie ihre Position nicht so leicht aufgeben sollte.

Sie blieb erschreckt stehen, als sie mich sah. Ich muss zugeben, sie war recht hübsch – große grüne Augen, schlank, durchtrainiert, aber rötliche Haare! Ich hätte schwören können, er stehe ausschließlich auf Schwarzhaarige, Rassige, so wie mich. Ich war etwas verlegen, denn sie reagierte zunächst nicht. Er stellte uns freundlich vor: »Ginger, das ist Bella. Bella, das ist Ginger.« Und dann ging das Gezeter los. Sie ließ ihre ganze Wut an mir aus: Ich sei bei ihr eingedrungen, hätte mein Parfum versprüht, von ihrem Teller gegessen und ihren Anton bezirzt. Das Gejammer war unerträglich. Ich versuchte, ihr meine Situation zu erklären – obdachlos, alleine, hungrig, aber das interessierte sie nicht. Ginger wurde fuchsteufelswild und dann stürzte sie sich auf mich. Wir schrien und keiften, rissen uns die Haare aus, bissen und kratzten, rollten übereinander durch das Wohnzimmer, bis Anton dazwischenging. Er entschuldigte sich zigmal bei mir, bevor er mich vor die Tür setzte. Weinend zog ich von dannen und leckte meine Wunden.

Ich wollte Ginger Zeit geben, sich zu beruhigen und darüber nachzudenken, ob sie mich nicht doch akzeptieren könnte, deswegen ließ ich einige Tage verstreichen, bevor ich wieder vor Antons Tür erschien. Er begrüßte mich mit den Worten: »Meine arme Bella ist wieder da.«

Wir versuchten es sogar eine Weile mit getrennten Zimmern, aber als danach die Kämpfe weitergingen, gab Anton es auf, uns zu versöhnen. Ich merkte es zunächst daran, dass er seine Katze mehr streichelte als mich. Sein Blick und seine Stimme wurden immer trauriger, wenn er mit mir sprach. Als er mit einem Korb in der Hand bei mir erschien, war mir klar: Er liebt Ginger mehr als mich.

Nun lebe ich mit vielen anderen zusammen – Alten und Jungen, Kleinen und Großen, Geselligen und Kratzbürstigen.

Ich versuche, mich zu arrangieren. Immerhin gibt es regelmäßige Mahlzeiten. Außerdem habe ich gehört, dass es hier auch so etwas wie eine Partnervermittlung gibt. Wenn ich Glück habe, treffe ich irgendwann den Richtigen.

Norina John

Newtons Zukunft

Entspannt lag Kater Newton an eine zusammengerollte Wolldecke gelehnt vor dem undichten Fenster des Labors. Ein Berg Faltmappen diente ihm als Sichtschutz und machte gemeinsam mit einem Schälchen Leckerein sein kleines Refugium perfekt. Nur ein Stück von ihm entfernt arbeitete wie jeden Tag sein Mensch. Kabel verbanden Messgeräte, in deren Mitte sich eine kleine Metallkammer befand, die ständig summte, knatterte und rauschte und für seinen menschlichen Gefährten von außergewöhnlichen Interesse war. Ständig positionierte er neue Proben in den silbrigen Kasten, blickte gespannt durch die Glastür, hämmerte wieder auf seine Computertastatur ein und sah dann erneut hoffnungsvoll auf das Versuchsobjekt. Newton hatte schon lange aufgegeben, diesen nicht enden wollenden Kreislauf zu verfolgen oder zu unterbrechen. Trotzdem war er sich seiner wichtigen Funktion im Forschungsalltag gewiss. Jeden Morgen stieg er würdevoll in seine Box und ließ sich gemeinsam mit einer ganzen Schar Leute im Bus zur Berliner Universität chauffieren. Gelegentlich nervten ihn die neugierigen Blicke der anderen Fahrgäste, besonders wenn er noch etwas unausgeschlafen war oder sein Besitzer auf seine niedliche »Blesse«, eine feine weiße Linie mitten auf der Stirn, angesprochen wurde. Pferde haben Blessen, prachtvolle Kater wie er trugen Schönheitsflecke! Er war das Ergebnis einer einzigartigen Komposition. Sein plüschiges stahlgraues Fell verdankte er seiner Mutter, einer prämierten Britisch-Kurzhaar-Katze, die dem Charme eines abenteuerlustigen Hauskaters erlegen war. Andächtig beleckte er sein dichtes Haarkleid, als es klopfte. Ein Kopf schob sich durch den Türspalt. »Professor Martin, könnten Sie mal kurz?« Leise seufzend erhob sich der Forscher und folgte der Aufforderung, nicht ohne im Vorbeigehen Newton sanft über den Kopf zu streichen. Der Kater schloss seine Augen – eine Männerfreundschaft brauchte keine Worte! Schnurrend bereitete sich Newton auf ein weiteres Schläfchen vor, als ihn plötzlich fürchterliche Geräusche erschreckten. Nicht dass er Angst hatte, aber eine gewisse Besorgnis überkam ihn. Warum musste sein Mensch auch diese schrecklichen Geräte anlassen? Erst war da nur ein Zischen, dann ein Leuchten, was als Lichtkegel aus der Kammer drang und für einen kurzen Moment das ganze Zimmer in pure Helligkeit tauchte. Newton erstarrte zusammengekauert auf seinem Platz, als er etwas hörte, was wie ein leises Kratzen auf Metall klang und immer hektischer wurde. Schließlich meinte Newton, ein Miauen zu hören. Ungläubig näherte er sich der Versuchsanlage und mühte sich mit lang gestrecktem Hals, einen Blick in das Innere zu werfen. Plötzlich machte er einen riesigen Sprung in Richtung der Computertastatur und schlug panisch mit seinem Pfötchen auf den Knopf, der die Kammer öffnete. Geduckt wartete Newton ab. Zuerst erschien ein grauer Schwanz, dann schob sich ihm ein ebenso gefärbtes Hinterteil entgegen, das Newton vorsichtig beschnupperte und dessen Geruch ihm seltsam bekannt vorkam.

»Warum hat das denn so lange gedauert, ich wäre fast erstickt!«, raunzte es ihm entgegen. Der fremde Kater hustete, doch statt eines Haarballens würgte er eine kleine Metallkugel hervor, die er im Blumentopf versteckte. Newton hatte seinen ersten Schrecken überwunden. Seine Schwanzspitze zuckte unschlüssig. Als Kater musste er sein Revier verteidigen, aber vielleicht wäre es besser, zuvor Informationen zu sammeln. Der drahtige Kerl war bestimmt kein einfacher Gegner und Newtons Kampferfahrungen beschränkten sich auf Scheingefechte mit Plüschmäusen. Er holte tief Luft und fragte betont souverän: »Wie bist du da reingekommen?«

»Ganz einfach, man wartet bis niemand im Labor ist und klettert hinein. Ich werde dir das alles später erklären. Los, wir haben keine Zeit. Der Zweibeiner kommt gleich wieder. Ich muss mich in deiner Transportbox verstecken. Obwohl«, er betrachtete Newton abschätzig, » das wird wohl ziemlich eng werden, mein Dickerchen!«

Newton verstellte mit seiner Körperfülle den Eingang zu seiner Box. »Ich lass mich doch nicht beleidigen! Warum sollte ich dich reinlassen?«

»Weil es bald vorbei ist mit dem schönen Leben! Genau heute entscheidet sich, ob du ein Couch-Potato bleibst oder ins Tierheim kommst.«

Newton zuckte zusammen. »Dieses Heim gibt es wirklich? Ich hielt das immer für eine Art Gruselgeschichte.«

»Glaub jemanden, der dort gewesen ist: Das ist kein schöner Ort. Aber keine Angst, gemeinsam können wir das verhindern. Weißt du noch nicht, wer ich bin?« Der Fremde strich mit dem Pfötchen über seine Stirn, auf der ein ebenso weißer Fleck prangte wie auf seiner eigenen.

Newton meinte hilflos: »Ein Bruder? Vater war ja sehr…, ähm, potent.«

»Wir sind beide Newtons. Aber uns trennen sechs Jahre und, so wie ich es sehe, knapp vier Pfund Gewicht. Ich komme aus der Zukunft.« Er richtete sich zu ganzer Größe auf. »Nenn mich einfach … Boss!«

Diese Anmaßung quittierte Newton mit einem lauten Fauchen. »Einen Lügner nenn ich dich! Versuchst, mir Angst zu machen. Was willst du wirklich?«

»Gut, du vertraust mir nicht. Bist doch nicht so einfältig, wie ich erwartet hatte.« Grübelnd verstummte er kurz, dann durchzuckte ihn eine Idee. »Das ist es! Ich weiß, warum er dich Newton genannt hat! Als Baby hast du versucht, an der Tischdecke hinaufzuklettern und dabei den Obstkorb heruntergezogen. Noch bevor dir unser Mensch helfen konnte, fiel dir, wie deinem Namensvetter, ein Apfel auf dem Kopf.«

Diese Geschichte verfehlte ihre Wirkung auf Newton nicht. Ein leicht unterwürfiges Mauzen war seine einzige Entgegnung.

Zufrieden mit sich sprang Boss auf das Ruheplätzchen am Fenster, schlug entspannt die Vorderpfoten übereinander und erklärte im Tonfall eines Oberlehrers: »Unser Mensch denkt, er teleportiert Teilchen, doch dieses Ding wird in einigen Jahren der Prototyp einer Zeitmaschine sein. Übrigens, ich bin der Erste, der solch eine Reise unternommen hat.«

Newton hatte sich entschlossen, sein Misstrauen aufzugeben, und kauerte ehrfürchtig am Boden. Fast unhörbar wagte er eine schüchterne Frage. »Und du kannst dieses Gerät bedienen?«

»Man muss keinen Kühlschrank bauen können, um ihn leer zu fressen!« Boss angelte mit der Pfote in Newtons Futterschälchen und verschlang gierig die einzelnen Häppchen. »Mein Gott, wie hab ich die vermisst!«, sagte er wehmütig. »Es muss einfach klappen, ich will mein ... dein ... unser Leben zurück.« Erneut zerbiss er knackend ein Leckerli. » Ach übrigens, uns bleiben nur 24 Stunden. Das Bällchen«, er wies mit dem Kopf in Richtung der Zimmerpflanze, »enthält exotische Materie. Die stabilisiert das Wurmloch für die Reise, ist aber selber nur einen Tag stabil. Eine Minute länger und ich sitze hier fest.«

»Bei mir hängt alles Wichtige am Halsband.« Newton sprang auf den Fenstersims und zeigte auf seine kleine Plakette. »Da steht mein Name und wo ich lebe ...«

»Halsbänder sind für Katzen mit Wohnungen, nicht für Heimatlose.«

Newton schauderte es. »Was wird denn bloß geschehen? Es läuft doch alles so gut. Der Zweibeiner und ich sind glücklich, wirklich glücklich. Wir sind den ganzen Tag zusammen. Tagsüber hier im Labor, abends auf der Couch vor dem Fernseher....«

Boss lachte bitter auf. »Das habe ich damals auch geglaubt! Unser Mensch wird gleich durch diese Tür stürzen und verkünden, dass er heute Abend einen Presseball besuchen muss. Anweisung von ganz oben! Tja, so ist das, ohne Werbung keine Fördergelder! Eine blonde Reporterin, noch fast ein Kitten, ist auch eingeladen.« Boss unterbrach kurz und belohnte sein Gedächtnis mit einem weiteren Happen. »Sie macht ihm Komplimente, hält Kontakt zu ihm und in drei Jahren, wenn er den Nobelpreis bekommt, zieht sie bei uns ein. Ein Jahr später bist du im Tierheim! Und warum? Weil wir es natürlich sofort riechen, wenn Herrenbesuch während unserer Abwesenheit im Bett gelegen hat. Aber Zeugen sind unerwünscht!«

»Mein Mensch würde mich niemals weggeben!«, brach es aus Newton heraus.

»Männer sind auch nur Kater! Wir sind zwar...«, er schob sich näher an Newton heran und flüsterte, »...kastriert, aber es ist wohl so, wie wenn wir den Geruch von gutem Essen wittern – dann gibt es für uns nichts anderes mehr. Wenn die Blondine ihn weinend beschuldigt, dass er dich mehr streichelt als sie und er fürchtet, sie zu verlieren ... für wen wird er sich entscheiden?« Boss erwartete keine Antwort von Newton, dessen heile Welt gerade in tausend Stücke zerbrach. »Nachdem ich aus dem Tierheim geflohen war, kehrte ich hierher zurück. Lebe nun im Keller. Dort hinter der Wand ist ein Lüftungsschacht, da kann man alles beobachten. In sechs Jahren ist die Maschine fertig, aber er scheut noch die Testphase. Ich habe es gewagt! Wir müssen das Zusammentreffen mit dieser Frau verhindern. Hier ist mein Plan ...« Er verstummte abrupt, seine Ohren richteten sich auf die Tür.

Noch bevor der Wissenschaftler den Raum betrat, waren beide Kater in der Transportbox verschwunden. Keine halbe Stunde später wuchtete der Professor schwer atmend seinen Liebling die Treppe zur Wohnung hinauf. Zu Hause angekommen wurde wie stets das Abendbrot serviert. »Lass es dir schmecken! Muss mich heute leider beeilen.«

Man hörte, wie er im Schlafzimmer seinen guten Anzug aus dem Schrank nahm, auf dem Bett bereitlegte, die Schubladen nach passendem Hemd und Krawatte durchwühlte und schließlich im Bad die Dusche anstellte.

Boss nutzte die Gelegenheit und schlüpfte aus seinem Versteck. »Wir müssen verhindern, dass er die Wohnung verlässt!«

»Wie soll das gehen?«

»Schau zu und lerne! Das Katzengras steht am Fenster?«

Newton nickte verständnislos. Ehe er sich versah, saß Boss vor dem kleinen Blumentopf und fraß hastig jegliches Grün in sich hinein. »Das ist zu viel, das wird dir nicht bekommen!«, versuchte Newton seinen Doppelgänger zu bremsen.

»Das hoffe ich doch..., äh, ...« Boss begann plötzlich zu würgen und rannte panisch über den Flur in das Schlafzimmer. Kaum hatte er das Bett erreicht, brach es aus ihm heraus, genau auf den dort bereitgelegten Anzug.

Newton schrie entsetzt auf: »Bist du verrückt geworden? Das gibt Ärger!«

»Nicht, wenn du krank bist. Übrigens, das Futter wird heute nicht angerührt! Es schadet auch nicht, wenn du etwas leidend aussehen würdest. Los, leg dich auf die Couch.«

Kaum hatte der Kater seinen Platz eingenommen, hörte man den Professor schimpfen. »Oh Gott, Newton! Was hast du gemacht.« Wütend stürmte er ins Wohnzimmer. Als er den Kater apathisch auf dem Sofa liegen sah, blieb er stehen: »Liebling, ist dir nicht gut? Oh, du hast dein Futter gar nicht angerührt. Bist du etwa krank? Und ausgerechnet heute muss ich weg! Pass auf, ich werde mich beeilen.« Erneut verschwand sein Mensch im Bad, um die Spuren des Missgeschicks zu beseitigen. »Alles in Ordnung, Newton. Der Fleck ist kaum noch zu sehen«, schallte es über den Flur. Newtons Erleichterung währte nur kurz.

Boss war erneut aus dem Zimmer verschwunden. Bald

darauf hörte er ein Poltern. Stöhnend kam der Professor ins Zimmer gehumpelt, er hielt sich sein Knie. »Da bist du ja Newton! Über was bin ich im Flur bloß gestolpert? Irgendetwas Dunkles….« Mit einigen Schritten prüfte er die Belastbarkeit des Gelenkes. »Scheint alles zu funktionieren, tut nur etwas weh. Na ja, ich werde mich jetzt umziehen.«

Aufgebracht wurde Boss von Newton empfangen. »Willst du unseren Menschen umbringen?«

»Ach, eine Verstauchung hätte gereicht, ist aber nur ein blauer Fleck geworden… Schade! Das hat aber auch sein Gutes. Er läuft zwangsweise langsamer und wir können ihn besser verfolgen.«

»Was?«, Newton katapultierte es fast von der Couch. »Katzen dürfen nicht alleine auf die Straße, deswegen werde ich jeden Tag getragen. Die Welt da draußen ist gefährlich, man wird uns wegfangen!«

»Bist du naiv! Das ist Berlin! Hier kann jeder alles tun!« Er zwinkerte ihm aufmunternd zu. »Das klappt schon! Ich bin gleich wieder bei dir.«

Wenige Minuten später verabschiedete sich der Zweibeiner von Newton. Doch als er die Wohnung verlassen wollte, griff seine Hand in eine leere Manteltasche. Er ließ die Tür geöffnet und machte sich kopfschüttelnd auf die Suche nach seinem Schlüsselbund. Die beiden Kater nutzten die Gelegenheit, rannten die Treppe herab, durch die offen stehende Haustür auf die dunkle Straße und warteten versteckt hinter einer Laterne, die schon seit Wochen außer Betrieb war, auf das Erscheinen ihres Menschen. Minuten vergingen.

»Wie lange braucht er, um die Schlüssel auf dem Nachttisch zu finden?«, wunderte sich Boss.

Endlich trat der Professor aus dem Haus. Humpelnd wählte er den Weg zur nächsten Bushaltestelle, an der sich viele Menschen drängten. Als der Bus hielt, schob sich die Menge durch die schmale Tür. Niemand schaute zur Seite oder gar auf den Boden, alle hatten nur das Ziel, mitzukommen.

Boss zwickte Newton, der wie erstarrt an der Häuserwand lehnte. »Er steigt ein! Hinterher!« Boss wandte sich geschickt durch ein Meer von Füßen. Newton versuchte es ihm gleich zu tun, bekam aber einige schmerzhafte Tritte ab. Die untere Etage des Doppeldeckers war völlig überfüllt von Passagieren mit Gepäck, die den Aufstieg vermieden. Eingeklemmt zwischen Tüten und Kartons sahen sie den Professor auf der Treppe verschwinden. Unerschrocken folgten sie ihm und suchten sofort Deckung unter den Sitzen. Newton fühlte sich beobachtet. Von der Schulter eines völlig schwarz gekleideten Mädchens blickten ihn die zwei großen roten Augen einer weißen Ratte an. Er gab Boss einen Schubs. »Komm, lass uns einen anderen Platz suchen.«

»Nicht nötig, er steigt aus!« Unruhe verbreitete sich im Bus. Man hatte den Alexanderplatz erreicht und alles strömte hinaus. Der Festsaal befand sich nicht weit entfernt im Foyer eines großen Hotels. Durch die Glasfront beobachteten die beiden Kater ihren Menschen, der sich, mit einem Glas Wein in der Hand, suchend nach bekannten Gesichtern umschaute. Als sich ihm eine Blondine näherte, konnte Boss nicht länger warten. Todesmutig rannte er auf eine Gruppe Punks zu, die mit ihren Hunden an einer Litfaßsäule campierten. Ungläubig starrten ihn die Vierbeiner an, um dann mit lautem Gebell der flüchtenden Katze nachzusetzen.

Es schien, als wolle sich Boss in das Hotel retten. Aufgeschreckte Menschen drängten in das Foyer, öffneten so die Automatiktür und ermöglichten es dem Kater, auf direktem Wege in den Ballsaal zu gelangen. Dort brachen die Tiere wie eine Naturgewalt über festlich gedeckte Tafeln und Blumenbuketts herein. Schreiend liefen die geladenen Gäste auseinander.

In der Gewissheit, die Weichen für eine sichere Zukunft gestellt zu haben, hatte Newton eine ruhige Nacht verbracht. Er war etwas traurig, als er Boss verabschiedete, doch die Aussicht auf die Fortsetzung seines gemütlichen Lebens tröstete ihn bald über den Verlust hinweg. Der Arbeitstag verging schnell. Während sein Zweibeiner nochmals kurz den Raum verließ, machte sich Newton mit einigen Dehnübungen auf dem Fensterbrett für den Rücktransport bereit. Schlagartig hielt er inne. Ein Blitz erhellte das Zimmer und ein dreistes Miauen drang aus der Versuchskammer. Seufzend sprang Newton auf die Tastatur und öffnete die Tür.

Ulrich Borchers

Sieben Leben

Affengesicht! Eindeutig ein Affengesicht! Passt auch irgendwie, denn schließlich war es ja eine richtige Affenliebe zwischen Tim und seinem Kater! Ein großer dicker Kater mit einem Gesicht wie ein Schimpanse, den Tim mehr streichelte als mich! Können Sie sich das vorstellen?

Aber nein, ich beschwerte mich nicht! Wie heißt es im Bestseller »Wie angele ich mir meinen Traummann (und lass ihn am Haken zappeln!)«: Niemals seine Mutter, Freunde, Hobbys oder Haustiere madig machen! Und Tim ist mein absoluter Traummann! Also biederte ich mich an, obwohl ich Katzen hasse! »Süßer Shirkan! Lieber Shirkan! Shirkan-Mäuschen!« Der Kater schaute mich jedes Mal misstrauisch an, aber Tim lächelte immer ganz verzückt: »Siehst du! Mit euch beiden wird das noch was. Find ich klasse!« Wie kann man so ein fettes Vieh nach einem Walt-Disney-Tiger benennen? Ich bitte Sie!

Als Tim wieder mal einen ganzen Abend mit Shirkan auf unserem Designersofa saß, streichelnd natürlich, und mir das Biest die ganze Zeit in den Film schnurrte war mir klar: Es musste etwas passieren.

Eins

Der erste Versuch war eher Zufall. Shirkan liebte es, in unserer Wäschetrommel zu schlafen. Tim fand das süß. Ich finde das eklig. Ja, und als die Gelegenheit da war, nutzte ich sie. Schonwaschgang; völlig herzlos bin ich ja auch nicht. Es hätte vielleicht sogar geklappt, wenn ich nicht entdeckt hätte, womit Shirkan sich da in der Trommel drehte. Ich stellte die Maschine sofort ab, und Shirkan ward erst wieder gesehen als er getrocknet war. Unser Verhältnis war belasteter als vorher. Von meiner Seite vor allem deshalb, weil er es überlebte, aber meine Escada-Bluse nicht. Der Kater glaubte nicht an einen Zufall und suchte die Nähe zu Tim. Der streichelte ihn noch mehr als vorher.

Zwei

Eine liebende Frau greift bei solchen Dingen seit Jahrhunderten auf den Klassiker zurück. Gift! Waffe der Königinnen und Mätressen. Es gestaltete sich allerdings schwieriger, als ich es mir vorgestellt hatte. Ich dachte blauäugig, dass heute alles gegoogelt werden kann. Mein Gott, im Netz fand ich nur einen Haufen Tierverrückte, die Leute mit solchen Anliegen als Antichristen bezeichnen. Ein vernünftiger Tipp für ein wirksames, leicht zu beschaffendes Gift war einfach nicht zu finden. Ich war weder so verrückt noch so mutig, mich in der Apotheke beraten zu lassen. Also ließ ich mir Schlaftabletten verschreiben, um damit Shirkan in die ewigen Jagdgründe zu schicken. Leider überraschte mich Tim, als ich die Dinger zerkleinerte. Mein Gott, was für ein Drama. Zum Psychologen wollte er mich jagen. Zur Stabilisierung empfahl er mir, mehr Zeit mit dem Kater zu verbringen. Sonst noch was? Es dauerte einige Zeit bis sich die Lage wieder entspannte.

Drei

Gift war schon schwierig, aber eine Waffe? Am Bahnhof rumdrücken und zwielichtige Typen ansprechen? Ich hatte schließlich einen Ruf zu verlieren! Ich entschied mich für eine Armbrust. Relativ einfach zu besorgen, lautlos, präzise. So wurde sie jedenfalls beworben. Eine Waffe für eine Lady. Eine Tigerjagd in Indien musste ähnlich aufregend sein. Ich hatte mir den frühen Abend ausgesucht und auch den Ort schon bestimmt. Um diese Zeit patrouillierte Shirkan immer auf dem Nachbargrundstück, um Konkurrenten in ihre Schranken zu weisen. Zu allem Überfluss war er auch noch der Boss in unserer Nachbarschaft. Ich schmierte mir also dunkle Tönung ins Gesicht und schlug mich in die Büsche. Großwildjagd im Vorgarten! Er kam mit seinem typischen stolzierenden Gang, ganz Chef und super cool. Er verharrte und schaute mich direkt an. Der finale Schuss, aber dieser Blick machte mich ganz verrückt. Irgendwie gerieten meine Hände durcheinander und meinen Schmerzensschrei hörte die gesamte Nachbarschaft. Der blöde Pfeil eierte am Kater vorbei, der ihm nur gelangweilt nachschaute. Ich hatte mir mit der Sehne den halben Finger abgetrennt. Diese Erklärungen, als Tim mich zur Notaufnahme fuhr! Wie ist das passiert? Was hast du im Vorgarten gemacht? Wieso zur Hölle hast Du so ein dunkles Gesicht? Hochnotpeinlich!

Vier

Ich musste subtiler werden. Schwere Gegenstände fallen doch immer mal um. Oder? Unser Bücherregal erschien mir am vorteilhaftsteten. Auf unserem hellen Teppich davor hielt sich Shirkan liebend gerne auf, wenn es seiner Meinung nach mal wieder Zeit für Hairstyling war. Mit Vorliebe kotzte er dann zum Abschluss Haarkügelchen aus. Ich hasse, hasse, hasse ihn! Zum Glück schwebte er aber immer völlig gedankenverloren im Hier und Jetzt, wenn er anschließend mit seiner Zunge seine Haare schlabberte. Also Fuß vor, Hebelwirkung ist einem ja bekannt, kräftig drücken und los. So leicht wie gedacht war es aber nicht. Das Regal fiel langsam, und leider war mein Fuß eingeklemmt. Der fette Kater konnte sich fast mühelos in Sicherheit bringen, und ich geriet mit meinem Bein unter das Regal. Mit dem Gesicht erwischte ich noch eine von Shirkans Kugeln. »Es hätte schlimmer kommen können«, sagte mein Hausarzt, »aber nicht sehr!« Witzig! Jedenfalls hatte ich ziemliche Schmerzen, und die nächste Zeit lief mit Tim gar nichts, wenn Sie verstehen was ich meine. Irgendwie spürte ich eine gewisse Kühle bei Tim.

Fünf

Fangeisen! Auf dem Flohmarkt! Was für ein glücklicher Zufall. So etwas darf wahrscheinlich gar nicht auf Flohmärkten verkauft werden, oder? Auf jeden Fall schlug ich zu, bevor irgend so ein Wichtigtuer vom Ordnungsamt mir dazwischen kam. Jetzt wurden schwere Geschütze aufgefahren. Im Keller versuchte ich zunächst einmal, das Ding zu spannen. Unmöglich. Vielleicht hätte ich es auch vorher reinigen sollen. Die Schnittwunde sah jedenfalls ziemlich böse aus. »Mittelprächtige Blutvergiftung! Sie haben ja eine richtige Glückssträhne!« Falls er sein Geld mal nicht mehr ausschließlich durch mich verdienen würde, konnte mein Arzt ja immer noch auf Straßenclown umsatteln. Verhungern soll er! Irgendwie beunruhigten mich Tims mitleidige Blicke, wenn ich mit meiner monströs verbundenen Hand humpelnd an ihm vorbeilief. Das fand ich fast noch schlimmer als dieses ewige Katzengestreichle.

Sechs

Ich bastelte mir eine Stromfalle. Die Bauanleitung hatte ich aus dem Netz. Sollte absolut narrensicher sein. Hinten im Garten im Gebüsch war ein hervorragender Platz. Genau auf seiner Lieblingsroute. Vorher wollte ich mich noch mal vergewissern, dass alles klappen würde. Tim fand mich ohnmächtig im Garten und dachte gleich an die Nummer mit den Schlaftabletten. Vorsorglich ließ er mir den Magen auspumpen. Die narrensichere (ha!) Falle hatte Tim zum Glück nicht entdeckt. Mein Arzt erklärte, dass er seine nächste Segelyacht nach mir benennen würde. Ich würde sie ihm ja schließlich auch finanzieren. Bin zur Zeit ein wenig verschlossen und habe so ein komisches Zucken im Auge. Gestern hatte ich das Gefühl, dass Tim und Shirkan mich ein wenig ängstlich ansahen.

Sieben

Ich kam von meiner Psychostunde. Schadet ja nicht, so ein bisschen Seelentherapie. Als ich in unsere Straße einbog sah ich ihn und gab Gas. Er ahnte dass er keine Chance hatte. Ja, vielleicht sollte er doch nicht immer die doppelte Portion Katzenfutter reinschlingen. Das gute, teure! Und für Wellnesswochenenden war kein Geld da! Mit so einem dicken Katzenbauch kann man nicht so toll ausweichen, was? Er schlug ein Haken, ich hinterher, und dann war da nur noch die Hauswand.

Summa summarum

Ich werde erst wieder im Krankenhaus wach. Bewegungsunfähig eingegipst. Und sprechen kann ich leider auch nicht. Kieferbruch! Aber es gibt auch gute Nachrichten. Tim besucht mich jeden Tag und verbringt Stunden im Krankenhaus. Er hat sogar Urlaub genommen, um mehr Zeit bei mir zu verbringen. Natürlich stromert er auch herum, denn von den vielen Schmerztabletten schlummere ich ständig weg. Egal! Hauptsache Tierverbot. Tim kommt natürlich immer ohne Shirkan. Morgen will er mir etwas Wichtiges mitteilen. Bin schon ganz aufgeregt.

Tim nimmt meine Hand (wie süß!). »Also Spatz, leider muss ich dir etwas Trauriges mitteilen. Gerade jetzt, wo es dir so schlecht geht, fällt es mir doppelt schwer. Aber manchmal … Schicksal! Ich habe mich in eine Krankenschwester verliebt. Keine Sorge, sie hat sich auf eine andere Station versetzen lassen. Sie wird dir nicht mehr über den Weg laufen. Wenn wir ehrlich sind, lief es doch in letzter Zeit auch nicht so gut. Ich hatte das Gefühl, dass ich in deinem Leben gar keine Rolle mehr spielte. Ich habe schon alles gepackt und ziehe zu Christin. Es tut mir wirklich so leid.«

Und dann wendet er sich ab, um zu gehen. Und ich kann weder sprechen noch mich bewegen. Und dann sagt der doch tatsächlich noch: »Ach ja, ich hoffe es tröstet dich ein wenig. Shirkan wird noch von den Nachbarn versorgt und wartet auf dich. Ich kann ihn leider nicht mitnehmen. Christin hat eine Katzenhaarallergie!«

Lilian Brandt

Wie Schnee

Sie hatte es nicht besonders eilig, zu ihm zu gehen, also packte sie zuerst ihre Koffer aus. Erst mal ankommen nach so langer Zeit. Es waren gut acht Jahre her, als sie zum letzten Mal die Tür ihres Zimmers hinter sich geschlossen hatte. Jetzt war sie wieder da. So vieles hatte sich verändert, nur dieser Raum wirkte von der Zeit unberührt. Sie fühlte sich wie damals mit elf Jahren!

Damals, als ihre Mutter unten in der Küche alles für Marlas Überraschungsparty vorbereitete, aber heute war nicht irgendein Geburtstag, heute musste alles besonders schön werden, besonders schön für ihn. Er war so lange fortgewesen, dass sie vergessen hätte, wie er aussah, wären da nicht diese Bilder von ihm an den Wänden gewesen, die sie jeden Tag daran erinnerten. Warum er so lange weg war, hatte man ihr nie erklärt, Mutter erzählte immer etwas vom Ausland, auf jeden Fall weit, weit weg, und mehr musste sie auch nicht wissen!

Als sie die Klingel hörte, schaute sie aus dem Fenster und sah unten vor der Haustür einen großen dünnen Mann mit einem kleinen Koffer stehen, das musste er sein. Sie rannte die Treppe runter und rief: »Papa, Papa!«

Er sah gar nicht so aus wie auf den Bildern, viel älter mit Haaren im Gesicht, und statt sie in den Arm zu nehmen und Hallo zu sagen, hielt er ihr einen weißen Schuhkarton entgegen. Sie schaute unsicher zu ihrer Mutter. »Das ist ein Geburtstagsgeschenk von deinem Vater«, sagte sie lächelnd und nahm den Deckel von der Kiste. Eine kleine weiße Katze schaute sie an, so weiß wie ein Schneeball. »Nimm sie ruhig auf den Arm«, sagte der Mann mit dem Bart, der ihr Vater sein sollte. Doch sie zögerte. »Du brauchst keine Angst zu haben«, sagte er, griff mit seiner großen Hand nach dem weißen Tier und legte es ihr in die Arme. Die Katze war weich und warm, aber es schien nicht der Platz zu sein, wo sie hin wollte. Die winzigen Krallen ihrer Pfoten hinterließen ihre Spuren auf Marlas Arme, sie erschrak und ließ das Tier fallen. Sicher landete es auf seinen vier Pfoten und tapste zu dem großen Mann, vor dessen Füßen es sich niederließ.

Ein Klopfen riss Marla aus ihrer Erinnerung.

»Kommst du zurecht mein Kind?«

»Ja, ja«, sagte sie durch die geschlossene Tür, »ich komme gleich!«

Sie hörte ihre Mutter wieder die Treppe heruntergehen, ganz leise, sie war immer eine leise Frau gewesen bis vor vier Wochen, als sie ihre kreischende Stimme am Telefon hörte: »Dein Vater hatte, er hatte … es ging alles so schnell… Nein, nein. Du brauchst nicht zu kommen, die Ärzte sagen, er wird es überstehen. Nur die linke Seite und das Sprachzentrum…« Ihre Mutter sprach so laut, dass sie alles hätte verstehen müssen, doch erst als sie sie gebeten hatte, einen Arzt an den Apparat zu holen, verstand Marla. Ihr Vater hatte einen Schlaganfall gehabt und war linksseitig gelähmt, außerdem lag eine Störung des Sprachzentrums vor!

Viel gesprochen hatte er ja nie, wenigstens nicht mit ihr. Er würde es überleben, also gab es keinen Grund, übereilt nach Hause zu fahren. Sie hatte schließlich Termine, die sie nicht einfach verschieben konnte. Man musste Prioritäten setzen, das hatte er ihr doch immer gesagt.

Sie ging die Treppe hinunter, nicht so leise wie ihre Mutter, dafür langsam, denn sie hatte ja Zeit. Den Flur entlang an der Küche vorbei, aus der ein Geruch von gebratenem Fleisch kam und sie für einen Moment ein Hungergefühl verspüren ließ. Doch das verschwand augenblicklich, als sie das Wohnzimmer betrat. Jemand hatte die Tür ausgehängt. Wo früher die Couchgarnitur gestanden hatte, sah man jetzt ein Krankenhausbett. Aber es war leer, wo war er denn? Sie musste blinzeln, denn die Rollladen waren heruntergelassen und nur eine kleine Nachttischlampe gab dem großen Raum etwas Licht. Der Esstisch an der Wand, der Fernseher in der Ecke, der leise lief, und gegenüber ein Sessel, ein sehr breiter und großer, dort schien etwas zu atmen. Die Rückenlehne im Blick, versuchte sie zu erkennen, ob er das war. »Vater«, sagte sie leise, »bist du wach?« Sie wusste ja, dass sie keine Antwort bekommen würde, aber die Frage gab ihr Sicherheit und sie traute sich näher heran. Die grauen Haare, der linke Arm, der ruhig auf der Lehne lag, die Beine, die sich auf dem verlängerten Fußteil ausstreckten, wurden zu einem Ganzen. Als sie endlich vor dem Sessel stand und in seine Augen sah, schien er sie nicht zu bemerken. Mit der rechten beweglichen Hand streichelte er liebevoll das Tier, das neben ihm lag. Konnte es sein, dass sie sie wirklich erkannte, nach so langer Zeit, es war doch nur ein Tier und die Hand ihres Vaters strich durch das Fell der Katze, hin und her, her und hin.

Sie sah auf einmal alles nur noch verschwommen, da ein Tränenschleier ihr die Sicht nahm. Reiß dich zusammen, sagte sie zu sich, es ist nur ein Tier, und mit kräftiger Stimme machte sie sich bemerkbar. »Hallo Vater, jetzt bin ich da!«

Seine rechte Hand hielt in der Bewegung inne, er sah sie an, doch sie konnte seinen Blick nicht deuten, war es Freude, Überraschung oder Gleichgültigkeit. Sie hörte nur das Miauen der Katze, die sich beschwerte, eine Konkurrentin machte ihr seine Aufmerksamkeit streitig. Sie wusste nicht, was sie sagen sollte, und er konnte nicht. Sie hörte nur dieses weiße Tier vor sich hin maunzen. Müsste die nicht längst tot sein, dachte sie. Wie alt will dieses Biest denn noch werden

»Ist das nicht eine Überraschung, Vater«, hörte sie ihre Mutter sagen, die wie immer leise ins Zimmer gekommen war. »Marla wird jetzt erst mal bei uns bleiben, sie wird uns helfen. Du wirst sehen, es wird alles wieder gut!«

Ein kurzes Nicken verriet, dass er verstand, doch mehr an Reaktion kam nicht. Sein Blick ruhte auf dem Tier und die bewegliche Hand strich wieder hin und her, her und hin. »Komm, mein Kind, wir lassen deinen Vater etwas schlafen, er braucht noch viel Ruhe«, sagte ihre Mutter, während sie mit ihr in die Küche ging. Auf Marlas früherem Essplatz stand ein Teller mit Suppe, in der Rindfleischstückchen schwammen. »Du musst etwas essen, Marla, die nächsten Tage werden anstrengend.«

»Ja, Mutter«, hörte sie sich antworten. Nichts hatte sich geändert, obwohl sich alles geändert hatte. Nach dem ersten Bissen Rindfleisch stürzte Marla aus der Küche und übergab sich im Badezimmer.

Nicht nur die nächsten Tage wurden anstrengend, die nächsten Wochen und Monate wurden zur Tortur. Zweimal am Tag kam ein Pfleger, der ihren Vater aus dem Bett in den Sessel hievte und abends zurück. Er wurde gewaschen und gewickelt, aber nur zweimal am Tag. Der Arzt kam zum Blutdruckmessen und ein Physiotherapeut für die Bewegung, doch die übrigen 22 Stunden des Tages gab es nur sie und ihre Mutter. Sein Sprachvermögen verbesserte sich nur wenig. Selbst wenn er keine klaren Worte formulieren konnte, waren seine Laute mehr als deutlich. Mittlerweile hörte sie ihn, auch wenn er schlief, ein Stöhnen, das nach ihr rief.

Aber war es denn nicht das, was sie sich jahrelang gewünscht hatte, dass er sie brauchte, auf sie angewiesen war? Doch so sehr sie sich auch um ihn bemühte, seine bewegliche Hand berührte sie nie. Nie streichelte er ihr über den Kopf. Nur über das weiße Fell der Katze glitt seine Hand hin und her, her und hin.

Es war wie damals. Sie hätte doch glücklich sein müssen, dass ihr Vater wieder da war und er ihr ein Geschenk mitgebracht hatte, so ein schönes Geschenk. Hatte sie sich denn nicht immer ein Tier gewünscht, etwas, das nur ihr gehörte, das sie lieb haben konnte.

Natürlich mussten sie sich erst alle an die neue Situation gewöhnen, aber sie bemühte sich. Sie schrieb gute Noten in der Schule und zeigte sie voller Stolz. Doch die Anerkennung blieb aus. Oft kam sie weinend nach Hause, weil die anderen Kinder sie wieder geärgert hatten: »Dein Vater ist ein Dieb, wer einmal klaut, klaut immer. Wie der Vater so die Tochter.«

Von wegen Ausland. So erfuhr sie, dass er im Gefängnis gewesen war wegen Unterschlagung, was das zu bedeuten hatte, wurde ihr jedoch erst später klar. Statt sie zu trösten, stieß er sie beiseite. Wenn sie Schutz in seinen Armen suchte, sagte er: »Dafür bist du schon zu alt, Schluss jetzt mit dem Geheule!«

Bei der Katze sah das anders aus, die war ja noch so jung, um sie machte er sich Sorgen! Wehe, wenn sie abends vor der Dunkelheit noch nicht von ihrer Stromertour zurückgekehrt war. Ständig fragte er: »Ist die Kleine zurück?«, und erst, als die Katzenklappe in der Küche zu hören war und sie sich um seine Beine schlängelte, entspannten sich seine Gesichtszüge. »Na, da ist ja meine Kleine, wo hast du dich denn herumgetrieben? Jetzt haben wir aber Hunger, ja, ja.« Seine Hand verschwand in ihrem weißen Fell und er rief: »Marla, nimm die geschnittene Leber aus dem Kühlschrank, das Fleisch muss Zimmertemperatur haben, sonst verdirbt die Kleine sich den Magen.« Und das wollten wir natürlich nicht.

Ohne es zu sehen, wusste sie, dass ihr Vater mittlerweile am großen Esstisch Platz genommen hatte, die Katze zu seinen Füßen und mit seiner freien Hand über ihr Fell strich, hin und her, her und hin. »Gleich gibt's was Feines«, hörte sie ihn schmeicheln. Eigentlich hätte es *ihre* Katze sein sollen, aber dieses Tier gehörte nicht zu ihr. Keinen der Namen, den sie sich für diese Mieze ausgedacht hatte, akzeptierte das weiße Wollknäuel. Die Katze hörte einfach nicht, wenn Marla sie rief. Sie hörte auch nicht, wenn ihre Mutter sie rief, aber sobald ihr Vater lockte: »Na, wo ist denn meine Kleine?«, kam sie aus ihrem Versteck gehuscht. Das schien für diese Katze normal zu sein. Frauen wurden als natürliche Rivalinnen ignoriert, Männer umworben und bezirzst. Kam einmal eine Freundin, von denen Marla nicht viele hatte, zu Besuch, machte sie einen weiten Bogen um die weiblichen Anwesenden. Nicht einmal mit Futter konnte man sie dann locken. Kam jedoch einer der wenigen Bekannten, die ihrem Vater geblieben waren, nachdem er aus dem »Ausland« zurückgekehrt war, maunzte die »Kleine« vor Freude und wich den Männern nicht von der Seite. Wie heute noch, egal, ob ihr Vater im Sessel oder im Bett lag, die Katze befand sich in seiner Nähe. Nur für kurze Zeit verschwand sie durch den Spalt der geöffneten Terrassentür, doch sobald sie wieder zurück war, legte sie sich zu ihm. Sie schien ihn zu bewachen und beobachtete genau, was Marla und ihre Mutter taten. Wenn Marla nachts an seinem Bett saß, weil sie glaubte, er versuche nach ihr zu rufen, wäre es so einfach gewesen, seine Hand zu nehmen und sie festzuhalten. Aber sie tat es nicht. Sie wollte ihn nicht wecken und sie konnte sich nicht nehmen, was er ihr offensichtlich nicht geben wollte. In solchen Nächten war es nicht ihr Vater, der nach ihr rief, sondern die Erinnerungen, die Erinnerungen an ihren unermüdlichen Kampf, seine Aufmerksamkeit zu gewinnen. Ein Blick, ein Lächeln, eine Berührung hätten ihr schon gereicht, doch meist übersah er sie oder empfand sie als störend. »Marla, geh auf dein Zimmer, Marla, erledige deine Hausarbeit. Marla, wo ist die Katze? Er gab Befehle und sie gehorchte, bis sie ging.

Als sie mit zwanzig dieses Haus verließ, um ihr eigenes Leben zu leben, sagte er: »Jetzt ist es auch an der Zeit, dass du für dich selber sorgst, deine Mutter und ich haben genug getan!« Ja, er hatte wirklich genug getan, er hatte so viel getan, dass sie acht Jahre kein Wort miteinander gewechselt hatten. Als sie zurückkam, um ihrer Mutter, nicht ihm, zu helfen, gab er wieder Befehle. Diesmal ganz ohne Worte. Früher hatte sie oft überlegt, ob es ihre Schuld sei, dass er so war, wie er war. Sicher waren die Jahre im Gefängnis nicht einfach für ihn gewesen. Ihre Mutter hatte ihm immer zugestimmt, wenn er von einem Fehlurteil sprach. Aber selbst nach Jahren sahen die Leute ihn noch schräg von der Seite an, die sogenannten Freunde hatten sich Stück für Stück verabschiedet. Und eine berufliche Zukunft gab es nicht, wer wollte schon jemanden, der den Ruf hatte, Geld zu veruntreuen? Arbeit auf Zeit, die gab es immer mal wieder, mal kurz, mal kürzer. Und sie? War sie eine Enttäuschung für ihn, sie war eben kein Junge.

Mutter schien er zu dulden, mit ihrer leisen Art störte sie nicht und sie gab ihm immer recht. Ja, er hatte es schwer, deshalb mussten Marla und sie Rücksicht nehmen und dafür sorgen, dass er und seine Katze nicht gestört wurden, er und seine Katze. Wo war sie eigentlich?

Seitdem sie hier an seinem Bett saß und mit ihren Erinnerungen redete, hatte sie sie nicht mehr gesehen. Der Wind, der durch die geöffnete Terrassentür hereinwehte, ließ sie frösteln. Irgendetwas war anders, und als sie in das Gesicht ihres Vaters sah, wusste sie auch, was es war. Mit einem Finger berührte sie seine Hand und zuckte zurück, sie war kalt, zu kalt, um je wieder warm zu werden.

Der Vorteil daran, dass man von den Leuten gemieden wurde, war, dass sich die Ausgaben für die Trauerfeier in Grenzen hielten. Die, die gekommen waren, versuchten Trost zu spenden, indem sie versicherten, dass er jetzt seinen Frieden hätte. War das so? Sie selbst wusste nicht, was sie fühlte. Ihre Mutter schien es mit Fassung zu tragen, beinahe erleichtert wirkte sie. Fast ein Jahr hatten sie ihn gepflegt, sein Zustand hatte sich nicht gebessert. Der Arzt stellte Herzversagen als Todesursache fest. Es hatte einfach aufgehört zu schlagen, noch keine 60 Jahre alt.

Einen Tag nach der Beerdigung fragte ihre Mutter: »Hast du eigentlich die Katze gesehen? Ihr Futter steht immer noch unberührt in der Küche!« Nein, wann hatte sie das Tier zuletzt gesehen? Sie konnte sich nicht erinnern. Es musste vor dem Tod ihres Vaters gewesen sein. »Wenn sie Hunger hat, kommt sie schon wieder, mach dir um die mal keine Sorgen!« Vielleicht war sie ihm ja gefolgt.

Sie hatte beschlossen, für die nächste Zeit noch bei ihrer Mutter zu bleiben. Sie mussten in Ruhe entscheiden, was mit dem Haus geschehen sollte. Einmal in der Woche begleitete sie ihre Mutter auf den Friedhof. Das war ausreichend, meinte sie. Als sie zum ersten Mal nach der Beerdigung dort war, hatte sie für einen Augenblick gedacht, sie hätte die Katze hinter einem Busch gesehen, aber das war natürlich Unsinn. Sicher war es nichts anderes als Schnee, der vom Winter übrig geblieben war. Die Wochen vergingen, aber die Katze fand sich nicht wieder ein. Sie war erleichtert. Was hätten sie auch mit »der Kleinen« anfangen sollen ohne den Vater? Hin und her, her und hin sah sie seine Hand, die über das weiße Fell der Katze strich.

Sascha-Irena Wilkesmann

Breakfast at Tiffany's

Ich sitze auf dem Sofa, behalte die Katze im Auge und überlege mir, wieso ich überhaupt nach Dallas geflogen bin. Was habe ich mir dabei gedacht? Nach zwei liebestollen Wochen in Paris und Rom haben wir fast ein Jahr lang E-Mails ausgetauscht und lange Telefongespräche geführt, bis ich mich dazu verführen ließ, ihn zu besuchen. Ich wusste schon vor meinem Abflug, dass er eine Katze hat, aber nicht, dass sie verrückt ist.

Sie sitzt auf der Bar, die die Küche vom Wohnzimmer abgrenzt, und wenn ich ins Badezimmer oder ins Schlafzimmer gehen möchte, faucht sie mich an. In die Küche zu gehen, traue ich mich schon gar nicht, denn dann wird sie erst richtig aggressiv.

Heute, nachdem er gegangen war, wollte ich mir nochmals einen Kaffee machen, einen starken, nicht so eine schwache Brühe, als sie mich ansprang. Vor Schreck habe ich fast die Tasse fallen lassen. Ich habe wie ein Löwe gebrüllt, worauf sie von mir abließ und mich nur noch von unten belauerte. Daraufhin habe ich auf den zweiten Kaffee verzichtet und bin zur Toilette gegangen. Als ich aus dem Badezimmer kam, sah ich die Katze wieder auf der Bar hocken und mich anstarren. Sie wartete wohl darauf, mich beim Vorbeigehen nochmals anzuspringen. Doch den Gefallen tat ich ihr nicht. Ich ging ins Schlafzimmer und las. Erst als mein Magen vor Hunger laut knurrte, habe ich es gewagt, in die Küche zu gehen. Sie saß noch immer oder schon wieder auf der Bar und fauchte mich an, als ich den Kühlschrank öffnete. Ich fauchte zurück. Die sollte ja nicht denken, dass ich Angst vor ihr hatte. Was sollte mir eine Katze schon anhaben? Und doch sitze ich nun schon seit Stunden auf dem Sofa. Den Roman habe ich bereits ausgelesen, obwohl er 412 Seiten hat. Ich schaue auf die Uhr. Es ist sechs Uhr abends, er sollte gleich hier sein.

Er begrüßt mich mit einem Kuss auf den Mund und fragt, wie mein Tag war. Doch er wartet meine Antwort nicht ab, sondern nimmt seine Katze auf den Arm, die um seine Beine tänzelte, seit er zur Tür hereinkam. Sie blickt mich triumphierend an. Du blöde Katze, denke ich und stehe auf. »Wann wollen wir essen gehen?«

»Wann du möchtest.«

»Ich ziehe mich schnell um, dann können wir gehen.«

»Okay«, sagt er nur und setzt sich mit ihr aufs Sofa, wo sie es sich auf seinem Schoß bequem macht und weiterschnurrt.

Als ich in engen Jeans und hohen Stilettos aus dem Badezimmer komme, sitzt er noch immer mit der Katze dort. Ich nehme meine Handtasche und gehe Richtung Tür.

»Gehen wir?«

Er schaut überrascht hoch. »Schon parat? Wow, du siehst super aus.«

»Danke.« Ich lächle die Katze süffisant an.

Sie schaut ihrem Herrchen beleidigt nach, weil er sie auf den Boden gestellt hat und nun auf mich zukommt, um mich zu küssen. Arm in Arm verlassen wir seine Wohnung. Er hat seiner Katze nur einen kurzen Blick zugeworfen und gesagt, dass wir bald zurück sein werden. Sie wird sich jedoch wundern. Ich werde mit ihm so lange wie möglich weg bleiben.

Wir kommen tatsächlich erst gegen halb drei Uhr nachts nach Hause. Er hat die Türe hinter uns noch nicht mal geschlossen, da springt sie schon auf ihn zu und er nimmt sie selbstverständlich auf den Arm und streichelt sie, während er mit ihr redet, als sei sie ein kleines Kind, das seine Eltern vermisst hat. Ich gehe genervt ins Bad.

Ich liege schon im Bett, als er ins Schlafzimmer kommt. Er zieht sich aus und kommt nackt unter die Decke. Er fährt mit seiner linken Hand sanft über meine Hüften, dann streift er mit beiden Händen meinen Slip die Beine hinunter. Als er meinen Venushügel küsst, klingt mein Stöhnen wie das Schnurren einer Katze. Ihm scheint es zu gefallen. Kein Wunder, so vernarrt wie er in seine Katze ist. Ich kralle meine Nägel in seinen Rücken, scheinbar mag er ja wilde Katzen, doch er schreit auf: »Au, nicht so fest! Das tut weh.«

Ich lächle. »Echt? Ich dachte, du magst das.«

»Was ist heute mit dir los?«

»Nichts«, erwidere ich und drehe ihn auf den Rücken, um mich auf ihn zu setzen. Das scheint ihn zu besänftigen. Er lässt mich gewähren. Ich höre seine Katze an der Tür kratzen. Sie hat wohl Angst um ihr Herrchen bekommen, doch dem geht es gut und er kümmert sich gerade gar nicht um sein Tierchen.

Am nächsten Tag gehen wir in eine Mall, um in angenehmer Kühle zu shoppen. Was will man sonst in Dallas machen, wenn es so heiß ist. Als ich aus dem klimatisierten Auto aussteige, nimmt mir die trockene Hitze fast den Atem.

In dem riesigen Einkaufscenter fällt mir zuerst das Eiskunstfeld auf. Die Texaner haben doch echt eine Eisfläche in einem Einkaufszentrum angelegt. Girls in kurzen Hosen und knappen Tops bewegen sich darauf zu Discomusik. Die Jungs fahren dagegen nur ihre Runden. Mein Begleiter fragt mich, ob ich aufs Eis gehen möchte. Er hat meinen langen Blick falsch gedeutet.

Ich schüttle den Kopf. »Lass uns lieber einkaufen.«

Wir kommen erschöpft nach Hause. *Shop till you drop* haben wir wörtlich genommen. Ich falle aufs Sofa und stelle meine Beute auf den Couchtisch. Sieben Taschen. Mein Konto wird schon vor Monatsende leer sein. Seine zwei Taschen hat er auf den Boden fallen lassen, damit er seine Katze gebührend begrüßen kann. Nachdem er ihr Schüsselchen mit frischem Wasser aufgefüllt hat, setzt er sich zu mir.

»Ich bin k.o. Wollen wir heute hier essen?«

»Ach, dann kann ich ja gar nicht meine neuen Sachen ausführen.« Er streichelt meinen Nacken und wieder komme ich mir wie eine Katze vor.

»Das kannst du ja noch morgen machen. Ich bin echt hundemüde.«

Ich entziehe mich seinem Kraulen und stehe auf. »Okay, dann nehme ich eine Dusche. Hast du überhaupt etwas Essbares im Kühlschrank?«

Er lacht. »Nein, aber ich bestelle uns eine Pizza, extra large. Du möchtest sicher noch einen Salat dazu, nicht wahr?«

Ich nicke und gehe Richtung Bad.

Wir sitzen auf dem Sofa, essen die Pizza, trinken Bier und schauen uns eine DVD an. Ich habe das Gefühl, einen Abend mit einem Ehemann zu verbringen, mit dem ich seit Jahren verheiratet bin. So langweilig. Verdammt, ich bin 22 und nicht 44 Jahre alt! Ich habe doch nicht das Geld für einen Überseeflug ausgegeben, um dann einen Abend vor dem Fernseher zu verbringen. Doch im Grunde ist es nicht der Fernsehabend, der mich nervt, sondern die Tatsache, dass er die ganze Zeit seine Katze liebkost. Nachdem er den letzten Bissen seines Pizzastückes heruntergeschluckt hatte, ist ihm seine Katze sofort auf den Schoß gesprungen. Und seitdem krault er sie. Mich scheint er vergessen zu haben. Was ist eigentlich mit dem Typen los? Dass er zu müde ist, um auszugehen, konnte ich ja noch verstehen, aber dass er nicht mal Lust hat, mich zu streicheln oder sofort nach dem Essen mit mir ins Bett zu gehen, also das geht mir nicht in den Kopf. Während unserer zwei Wochen in Europa war er ganz wild auf mich gewesen. Vielleicht haben da ihn meine Augen an seinen Stubentiger erinnert und er hat sich deswegen mit mir vergnügt. Ich habe noch nie einen Liebhaber gehabt, der mehr von seiner vierbeinigen als von seiner zweibeinigen Katze angetan ist. Ich gehe ins Schlafzimmer, ohne gute Nacht zu sagen. Er scheint es nicht zu bemerken.

Als ich am Morgen aufwache, liegt seine Katze auf seinem Bauch. Ich reibe mir die Augen, weil ich es nicht glauben kann. Doch sein verrücktes Haustier schläft tatsächlich auf ihm! Als ich aufstehe, öffnet er verschlafen seine Augen.

»Guten Morgen, du bist gestern einfach schlafen gegangen.«

»Hast du deswegen deine Katze mit ins Bett genommen?«

»Nein, aber sie hat so lange vor der Tür miaut, bis ich sie ins Zimmer ließ und irgendwann hat sie sich auf mich geschlichen.«

»Wenn es dir gefällt«, erwidere ich mit einem spitzen Unterton und schaue sein Tier böse an.

»Weißt du, normalerweise darf sie im Schlafzimmer übernachten, also, wenn ich alleine bin, und das war ich in den letzten Monaten und sie hat sich wohl zu sehr daran gewöhnt. Ich konnte sie gestern Nacht nicht ignorieren.«

Ich sage nichts mehr und gehe ins Badezimmer. Als ich angezogen in die offene Küche komme, steht er mit Unterhose und T-Shirt am Herd und bereitet Spiegeleier mit Speck zu. Mir wird fast schlecht, hätte ich eine durchzechte Nacht hinter mir, würde ich wahrscheinlich auf so ein Frühstück stehen, doch da eine sehr langweilige hinter mir liegt, habe ich keine Lust auf ein deftiges Frühstück. Er schaut mich strahlend an.

»Honey, setz dich doch, es gibt gleich etwas.«

»Hast du auch Brot und Marmelade?«

»Ja, möchtest du kein Ei mit Speck?«

»Nein, danke, mir ist mehr nach etwas Süßem.«

Er schaut mich enttäuscht an, sagt aber nichts und reicht mir aus dem Kühlschrank eine Erdbeermarmelade.

Die Katze ist hinterlistig. Weder faucht sie mich an, noch springt sie mich an, wenn er hier ist. Sie lässt mich in Ruhe. Da ist es kein Wunder, dass er mir die Geschichte mit dem zweiten Morgenkaffee nicht glauben wollte. Während wir frühstücken, beobachtet sie uns.

Während er duscht, räume ich das Geschirr in die Spülmaschine. Die Katze lässt mich in der Küche gewähren, doch als ich fertig bin, faucht sie mich wieder an.

Ich antworte auf Deutsch: »Du fieses Biest, wenn du so weitermachst, lebst du nicht mehr lange.«

Als hätte sie meine Worte verstanden, hört sie sofort auf und geht zur Badezimmertür, wo sie anfängt, laut zu miauen. Da kommt auch schon Herrchen frisch geduscht heraus, nimmt sie auf den Arm und spricht liebevoll mit ihr. Ich werde wieder wütend. Das hier ist ja schlimmer als ein geschiedener Vater, der sein Mädchen trösten muss, weil eine neue Frau in seinem Leben aufgetaucht ist. Ich frage ihn, ob wir heute einen Ausflug machen, wie wir es vorhatten. Er meint, dass er nicht zu lange wegbleiben möchte, da sonst seine Katze den ganzen Tag alleine sei. Ich erwidere, dass sie auch alleine sei, wenn er wochentags arbeite. Eben deswegen wolle er sie am Wochenende nicht zwei Tage hintereinander so lange alleine lassen und am Abend würden wir ja auch wieder weggehen. Ich schlucke meinen Ärger hinunter und frage, ob ich sein Auto haben könnte, um die Gegend zu erkunden, schließlich sei ich das erste Mal in Texas. Und wahrscheinlich das letzte Mal, doch das denke ich nur. Er lässt die Katze von seinem Arm springen und gibt mir den Autoschlüssel und einen Kuss.

»Bist du dir sicher, dass du alleine zurechtkommst?«

»Ja, was soll ich sonst machen?«

»Du könntest hier bei mir bleiben.«

»Oder du könntest mit mir kommen.«

Er küsst mich nochmals, diesmal länger. »Sorry, nicht böse sein. Es ist nicht nur wegen der Katze. Ich verbringe auch gerne mal einen Tag zu Hause. Wir werden heute Abend etwas früher losziehen, ich kenne da ein nettes Restaurant, wo man einen herrlichen Ausblick auf die Stadt hat. Okay?«

»Ja, dann bis heute Abend.«

Als ich reinkomme, steht er auf, um mich zu begrüßen.

»Ich habe dich vermisst«, flüstert er mir ins Ohr. Er hebt mich hoch und trägt mich ins Schlafzimmer. Die Katze bleibt draußen.

Nach einer erfrischenden Dusche ziehe ich eines meiner neuen Kleider an, dazu ein Paar Schuhe, die ich mir gestern ebenfalls geleistet habe. Er hat sich auch schick gemacht. Anscheinend gehen wir in ein elegantes Restaurant.

Dort bestellt er sogar Champagner. Wir verbringen einen romantischen Abend zusammen und es fühlt sich fast so wie in Paris an. Er ist charmant und aufmerksam und ich bin in Flirtlaune. Manchmal kann sich das schlechte Gewissen eines Mannes auszahlen.

Sobald wir in seiner Wohnung sind, ist leider alles wieder beim Alten. Die Katze tänzelt um seine Beine, bis er sie hochnimmt, und dann schaut sie mich triumphierend an. Miststück, denke ich und gleichzeitig frage ich mich, wieso ich so eifersüchtig auf eine Katze bin. Es ist ja nur eine vierbeinige, aber vielleicht käme ich gegen eine zweibeinige besser an. Ich gehe ins Schlafzimmer und komme in roten Dessous wieder raus. Selbstverständlich sitzt er mit ihr auf dem Sofa.

»Darling, kommst du auch ins Bett?«

Als er mich anblickt, werden seine Augen groß.

»Heiß, dein Outfit. Ich komme sofort, muss ihr nur noch ein bisschen Wasser geben.«

Ich liege auf dem Bett und zähle die Sekunden, bis er kommt. Wehe, wenn er länger als eine Minute braucht, dann ziehe ich meine Spitzenunterwäsche aus und meinen alten Pyjama an. Aber er kommt schon. Wieder hören wir die Katze an der Tür miauen und kratzen, doch er lässt sich davon nicht ablenken. Als wir erschöpft nebeneinander liegen, klingt die Katze vor der Tür schon heiser. Und was macht er? Er steht auf und lässt sie rein.

»Verdammt, soll jetzt die Katze jede Nacht mit uns im Bett liegen?«

»Nein, sie muss es sich auf dem Sessel dort bequem machen.«

Er redet seiner Mieze gut zu, sie solle ja die ganze Nacht dort verbringen. Als er mir einen Gutenachtkuss geben will, drehe ich mich zur Seite und murmle nur: »Nacht.«

Er küsst meinen Rücken und sagt: »Schlaf gut.«

Doch ich kann nicht gut schlafen. Ich bin aufgebracht und meine Müdigkeit ist verflogen. Irgendwann falle ich in eine Art Halbschlaf, doch als ich höre, wie die Katze auf seinen Bauch springt, schreie ich. Verstört setzt er sich auf und macht Licht.

»Was ist denn los?«

»Deine Katze ist ins Bett gekommen.«

Aber dieses Biest hat blitzartig wieder auf dem Sessel Platz genommen und tut so, als schliefe sie. Er schaut mich konsterniert an.

»Du hast wohl geträumt. Schau, sie liegt noch immer auf dem Sessel.«

»Aber sie war da, auf deinem Bauch, hast du das nicht gespürt?«

»Nein, jetzt mach mal nicht so ein Theater wegen ihr.«

»Ich nicht, du bist derjenige, der übertreibt. Katze hier, Katze dort, es gibt für dich ja nur dieses Tier.«

Er löscht das Licht.

»Quatsch, du steigerst dich da in etwas rein.«

Ich schnaube hörbar, erwidere aber nichts mehr. Beide sind fies, denke ich wütend.

Als ich aufwache, liegt weder er noch sie im Bett, auch auf dem Sessel ist sie nicht. Ich stehe auf und gehe in die Küche. Er steht angezogen am Herd und ist dabei, Kaffee zu machen. Er kommt auf mich zu und küsst mich zärtlich.

»Guten Morgen, meine Süße.«

Er scheint unsere nächtliche Auseinandersetzung vergessen zu haben. Ich nicht. Ich gebe mich beim Frühstück sehr wortkarg und als er mir mitteilt, dass er heute doch noch für ein paar Stunden ins Büro muss, obwohl er eigentlich für diese Woche freigenommen hatte, ist mein Entschluss gefasst. Er nimmt seinen Aktenkoffer.

»In rund vier Stunden bin ich zurück und dann machen wir zusammen einen Ausflug, versprochen.«

»Okay.« Weil ich weiß, dass es unser letzter Kuss sein wird, küsse ich ihn sehr lange.

Kaum ist er aus der Haustür, rufe ich die Fluggesellschaft an und erkundige mich nach einem Platz für heute. Ich bekomme einen Sitz. Leider muss ich über London fliegen, doch das ist mir egal. Ich will nur noch von hier weg. Ich packe so schnell wie möglich meine Sachen. Als ich den Koffer und die Tasche neben die Tür gestellt und ein Taxi bestellt habe, schwänzelt die Katze um meine Beine herum. Aha, sie hat kapiert, dass ich kapituliert habe. Wart nur ab! Ich gehe ins Schlafzimmer zurück und nehme seine Sporttasche aus dem Schrank, dann gehe ich zum Esstisch und schreibe eine Mitteilung: *Sorry. I had to go. Zoe.*

Zur Katze sage ich mit zuckersüßer Stimme: »Na, komm, jetzt, da ich gehe, lass dich mal streicheln.« Ich strecke ihr meine Hand hin und sie nähert sich. Ich fahre ihr ein paar Mal übers Fell, dann packe ich sie und stecke sie in seine Sporttasche. Sie ist so überrascht, dass sie sich kaum wehrt. Sie faucht bloß, als ich ihren Kopf runterdrücke, um den Reißverschluss zu schließen. Es läutet an der Tür. Mein Taxi ist da. Im Auto kratzt die Katze an den Seitenwänden der Tasche. Der Fahrer schaut mich leicht irritiert an. Ich frage ihn, ob er noch nie »Breakfast at Tiffany's« gesehen habe. Er nickt bloß. Irgendwo zwischen Apartment und Flughafen lasse ich ihn anhalten, öffne die Autotür und dann den Reißverschluss der Tasche. Die Katze springt heraus und ich mache sofort die Tür zu. »Go ahead!«, sage ich zum Fahrer und lehne mich entspannt zurück.

Tanja Bernards

Der Fremde

Abends saßen wir gemeinsam auf der Couch vor dem Fernseher. Er, ich und sie, schön, geschmeidig, anschmiegsam. Irgendein schlechter Spielfilm flimmerte vor unseren Augen. Ich schaute nicht wirklich hin, beobachtete nur die beiden aus den Augenwinkeln. Die Zärtlichkeit, wie sie miteinander umgingen. Wie sie ihre Pfote auf sein Bein legte. Der sanfte Klang seiner Stimme, die leise zu der Katze sprach. Als die Werbesendung begann, fragte ich, ob ich nicht umschalten sollte. Ganz leicht bewegte sich sein Kopf zu einem Nicken. Eine minimale Geste, mehr für sich selbst als für mich bestimmt. Ich schaltete nicht um. Waschmittelwerbung rieselte an mir vorbei. Er saß da und starrte auf den Bildschirm, während sie auf seinem Schoß saß. Wie ein Stillleben, dachte ich. Nur seine Hände bewegten sich zärtlich durch ihr weißes, weiches Fell. Ihr Schnurren war deutlich zu vernehmen, trotz des lauten Fernsehers. Die perfekte Symbiose. Sie öffnete leicht die Augen. Blickte mich durch ihre halb geschlossenen Lider an. Ich spürte die Kälte der hereinbrechenden Nacht auf meinem Nacken, die durch das halb geschlossene Fenster drang. Aber ich stand nicht auf, um es zu schließen. Stattdessen rückte ich ein Stück zu Mario hin. Ich legte meinen Kopf an seine Schulter. Er rührte sich nicht, saß nur still da und ließ meine Nähe ein paar Minuten geschehen. Dann zuckte ihre Schwanzspitze auf seinem Schoß. Aufmerksam hatte sie nun die Augen geöffnet. Ihre Pupillen waren groß in der Dunkelheit. Schienen auf einmal vollkommen rund zu sein. Er bewegte leicht den Oberkörper, eine Geste, um mich abzuschütteln. »Tut mir leid«, sagte er. Seine Stimme sagte mir, dass es ihm nicht leid tat. »Ich fühle mich hier so belagert.« Ich stand auf. Verließ den Raum. Er sagte nichts, um mich zurückzuhalten. Als der Film aus war, kam er ins Bett. Lag neben mir. Die Katze an seinen Körper geschmiegt. Wie eine Mauer zwischen uns. Es dauerte nicht lange, und ich konnte seine ruhigen Atemzüge vernehmen. Ich blickte in die Dunkelheit zu ihm herüber. Sie lag da, ruhig, aber wach, und starrte mich an. Und ich wusste, ich würde wieder nicht schlafen können. Ich versuchte seine Gesichtszüge in der Dunkelheit auszumachen. Die gerade Nase, das markante Kinn, sein im Schlaf leicht geöffneter Mund. Doch alles, was ich sah, waren ihre Augen, die wie fluoreszierend in der Dunkelheit leuchteten. Leise stand ich auf, nahm Decke und Kissen und schlich ins Wohnzimmer. Er hatte das Fenster nicht geschlossen, es war kühl im Raum, aber ich mochte es. Ich war allein. Kein Atem neben mir, nur das regelmäßige Tick Tack der Uhr. Und draußen ein vorbeifahrendes Auto, ein paar lachende Jugendliche, ein Moped, das laut die Stille zerriss. Ich versuchte mir vorzustellen, er wäre nicht da. Für immer fort. Es gäbe nur mich und die Geräusche der Nacht.

Dann hörte ich die Katze über das Parkett gehen. Ich blickte zur Tür, konnte ihren weißen Körper in der Dunkelheit ausmachen, als sie vorbeihuschte. Mir war, als wäre sie an der Tür kurz stehen geblieben und hätte zu mir hineingestarrt. Ich stand auf und schlich hinter ihr her in die Küche. Sie hob nur kurz den Kopf. Dann widmete sie sich wieder dem Inhalt ihres Fressnapfes. Mit einem schnellen Griff packte ich sie am Nacken und zog sie hoch. Sie rührte sich nicht, mit der freien Hand öffnete ich das Küchenfenster. Dann ließ ich die Katze nach draußen, in den Garten, fallen. Es war nicht sehr tief und ich hörte, wie sie dumpf im Gras landete. Sie stieß ein lautes Miau aus. Schnell schloss ich das Fenster und starrte noch eine Minute hinaus. Ihr weißes Fell leuchtete in der Dunkelheit. Ich stand noch eine Weile am Fenster, zitternd in meinem dünnen Nachthemd, mit nackten Füßen auf dem kalten Parkettboden. Ich ließ das Rollo herunter. Kein Laut drang zu mir hinein. Ich drehte mich erst um, als er schon hinter mir stand. Er sah mich an, die Stirn in Falten gelegt.

»Was machst du da?«, fragte er. Ich ließ unkontrolliert laut Luft aus meinen Lungen entweichen.

»Die Katze wollte raus.« Ich räusperte mich. »Da habe ich sie in den Garten gelassen.«

»Und das Rollo heruntergelassen?« Er sagte das, bemüht ruhig zu bleiben, aber mir entging der Zorn in seiner Stimme nicht. Ich nickte nur. Er drehte sich um und verließ die Küche. Ich hörte die Wohnungstür zuschlagen. Dann war alles still. Ich fror. Unschlüssig ließ ich mich auf einen Stuhl fallen und zog die Beine an den Körper. In der Küche war es dunkel.

Ich hörte die Katze laut miauen, als er die Wohnung wieder betrat. Wie der Schrei eines Kindes hörte es sich an. Dann flüchtete die Katze an der Küche vorbei ins Schlafzimmer. Er folgte ihr durch den Flur.

»Mario!«, rief ich.

Er blieb an der Tür stehen. »Was ist?« Seine Stimme war schroff und feindselig.

Mein Magen zog sich zusammen und ich spürte das Weinen in meiner Kehle hochsteigen. Nicht weinen, nur nicht weinen, dachte ich. Nicht jetzt. Doch die Tränen flossen, sie ließen sich nicht aufhalten. Heiß rannen sie über mein Gesicht, tropften in den Ausschnitt meines Nachthemds.

»Was wird das jetzt?«, fragte er genervt.

Ich versuchte zu sprechen, doch statt der Worte kamen nur Tränen. Die Angst, dass er sich umdrehen und gehen könnte. Jetzt. Stattdessen machte er zwei Schritte in den Raum hinein, kramte in der Schublade des Küchenschranks, bis er fand, was er suchte. Die Glut seiner Zigarette glimmte in der Dunkelheit auf. Ich hörte, wie er den Rauch langsam entweichen ließ. Er stand jetzt nur einen Fußbreit von mir entfernt am Küchentisch. Eine Bewegung von ihm hätte gereicht, um mich in den Arm zu nehmen und die Mauer zwischen uns zu durchbrechen. Stattdessen sprang die Katze plötzlich auf den Küchentisch. Ich nahm eine Bewegung wahr, dann schnurrte die Katze.

»Ich liebe dich.« Meine Worte übertönten das Gurren der Katze. Ich hörte das Zischen, als er die Zigarette im feuchten Spülbecken ausdrückte. Dann verließ er den Raum. Ich sprang auf, mehr wütend und verzweifelt als traurig. Durch die geöffnete Schlafzimmertür drang Licht in den Flur. »Hast du nicht gehört? Ich liebe dich!«, rief ich hinter ihm her.

Er drehte sich um. Sein Gesichtsausdruck war so hart, dass es mich traf wie ein Schlag ins Gesicht. Ich taumelte.

»Was soll das jetzt?«, fragte er kalt. »Was soll diese Szene?«

Ich musste schniefen. Meine Fingernägel gruben sich in meine Hände. »Drei ist einer zu viel«, sagte ich. Meine Stimme zitterte. »Und die Dritte bin ich hier.« Er schüttelte nur den Kopf und ging weiter in Richtung Wohnzimmer. Ich folgte ihm. »Drei ist einer zu viel. Du musst dich entscheiden.«

»Du spinnst.« Seine Stimme war laut und voller Wut.

Ich bemühte mich, gleichmäßig zu atmen. »Ich will so nicht mit dir leben.« Ich versuchte meiner Stimme das Hysterische zu nehmen.

»Und das liegt jetzt an der Katze oder was?« Es klang spöttisch und herausfordernd. Wir standen uns jetzt gegenüber.

»Können wir nicht in Ruhe reden?«, fragte ich.

»Wir reden doch, oder wie würdest du das sonst nennen? Ich weiß nicht, was du willst! Dich zwingt keiner, so zu leben. Dich zwingt keiner hierzubleiben.«

»Wie meinst du das?«, fragte ich heiser.

»So, wie ich es sage. Wenn du irgendwas an mir oder der Katze auszusetzen hast, dann bist du es, die gehen sollte, nicht die Katze.«

»Das meinst du nicht ernst!«

»Oh doch, ich meine es ernst! Was erwartest du von mir? Die Katze wegzugeben? Auf wen bist du dann eifersüchtig? Vielleicht die Fliege an der Wand?«

Ich starrte ihn nur an. Zu Eis gefroren durch die Kälte in seiner Stimme. Er fummelte an der Zigarettenschachtel, die er noch in der Hand hielt. Dann zündete sich erneut eine Zigarette an. Er ließ sich auf der Couch nieder und schaltete den Fernseher ein. Sog hektisch den Rauch ein und drückte die Zigarette dann im leeren Aschenbecher aus. Sie war noch nicht zur Hälfte aufgeraucht.

Die Katze strich an meinen Beinen entlang und setzte sich dann vor mich in den Raum. Ich dachte, wenn ich sie berühren würde, mit meinen Fingern durch ihr weißes, weiches Fell gleiten würde, vielleicht würde sie mich dann lieben. So, wie sie ihn liebte. So, wie er mich lieben sollte. Doch ich schaffte es nicht, nach ihr zu greifen. Zu groß war die Angst, sie würde vielleicht aufstehen und mich im Raum stehen lassen. Die Katze hob eine Pfote und begann sie mit ihrer rosa Zunge abzulecken. Er hatte recht. Ich war diejenige, die gehen musste. Nicht sie. Ich blickte Mario an, doch er starrte geradeaus auf den großen Plasmabildfernseher, den wir uns vom Urlaubsgeld gekauft hatten. Langsam drehte ich mich um und verließ den Raum. Ich ging ins Schlafzimmer und kramte nach meiner Reisetasche. Dann packte ich wahllos irgendwelche Sachen zusammen, schlüpfte in Schuhe und Jacke und verließ die Wohnung ohne ein weiteres Wort. Im Flur blieb ich stehen, wartete darauf, dass er die Tür öffnen würde, um mich zurückzuhalten. Dass er mich in den Arm nehmen würde und mir »Alles wird gut« ins Ohr flüstern würde. So wie früher, wenn wir uns gestritten hatten. Aber er kam mir nicht nach und ich verließ das Haus. Draußen war es kalt. Herbst. Kalter Wind und es nieselte. Blätter legten sich wie ein Teppich auf den Bürgersteig. Ich ging die Straße entlang. An der Bushaltestelle schaute ich auf den Fahrplan. Der letzte Bus war schon lange weg. Ich setzte mich auf die Bank ins Bushäuschen. Unschlüssig, was ich tun sollte. Der Wind wehte den Regen in das Bushäuschen. Ich fror. Ich sah zurück zu unserem Haus. Aber Mario kam nicht, um mich zurückzuholen. Ich wartete. Wartete darauf, dass er kam, um mir zu sagen, dass er mich liebte, dass er mich brauchte. Der Regen wurde stärker. Ein Taxi fuhr vorbei und hielt hinter der Haltestelle. Ein Paar stieg aus. Der Mann öffnete den

Regenschirm, hielt ihn über sich und die Frau und sie liefen lachend zum Haus auf der anderen Straßenseite. Dann verschwanden sie.

Der Taxifahrer stieg aus. »Kann ich Sie mitnehmen?«, rief er mir zu. »Hier kommt jetzt kein Bus mehr.«

Ich schüttelte den Kopf. Er fuhr weg.

Die Straße war leer. Hin und wieder fuhr ein Auto vorbei und Regenwasser spritzte auf den Bürgersteig. Ich wartete und fror. Ich fühlte mich müde und erschöpft. Ich könnte zurückgehen, dachte ich. Mich ins warme Bett legen und die Nacht durchschlafen. Weggehen konnte ich auch morgen noch, tagsüber, wenn die Welt draußen heller und freundlicher war. Ich spürte die Müdigkeit so schwer wie Blei in meinen Gliedern. Schließlich stand ich auf, nahm meine Tasche und ging zurück.

Der Fernseher lief noch, als ich eintrat. Sonst war alles dunkel. Die Katze stand an der Tür und miaute mich an. Ich beachtete sie nicht. Ich stellte meine Tasche im Flur ab. Er saß immer noch im Wohnzimmer. Ich ging ins Bad, zog die feuchte Kleidung aus und duschte heiß und lange, bis mein Körper warm und entspannt war.

Als ich aus dem Bad kam, saß er immer noch da, unverändert. Im Fernseher lief eine Musikshow. »Ich bin wieder da«, sagte ich. Keine Antwort. Er rührte sich nicht. Ich fühlte einen Stich in der Magengrube. »Hallo!«, rief ich laut von der Tür aus. Es machte mich wütend, wie Mario da saß, ungerührt. »Hast du deine Stimme verloren?« Dann kam es mir komisch vor. Wie sich sein Körper im Licht des Fernsehers an das Sofa lehnte, sein Kopf etwas schief zur Seite geneigt. »Schläfst du?«, fragte ich, während ich auf ihn zuging. Er rührte sich nicht. Dann sah ich, dass er nicht schlief. Seine Augen waren geöffnet und sahen mich leer an, er bewegte den Mund und stieß dabei einen seltsamen Laut aus. Sein Gesicht wirkte unnatürlich schief im bläulichen Licht des Fernsehers. Sein rechter Arm hing schlaff über der Armlehne des Sofas. »Mein Gott, Mario! Mario! Was ist denn?«, rief ich, lief zu ihm und schüttelte ihn. Sein Kopf sackte nach vorne, auf meine Schulter. Sein Körper war warm und vertraut. Er roch nach Rasierwasser, gemischt mit ein wenig Schweiß. Sein Atem ging laut und unregelmäßig. So saß ich minutenlang, unfähig mich zu rühren, unfähig zu denken. Sein warmer Körper an meinem, eine Berührung, die ich so lange vermisst hatte. Ich hörte die Musik im Fernsehen. Sie spielten einen Song aus den Achtzigern. Vielleicht Bonnie Tyler? Ich wusste es nicht. Dann sprach ein Moderator und ich war plötzlich wieder fähig, klar zu denken.

Der Notarzt war schnell da. Ich fühlte mich starr und steif, als sie ihn auf die Krankenbahre legten und abtransportierten. Alles schien so irreal. »Möchten Sie mitfahren?«, fragte mich einer der Sanitäter. Er war groß und braun gebrannt, jung, vielleicht gerade aus dem Urlaub gekommen. »Wir bräuchten seine Versichertenkarte.« Er berührte mich sanft am Arm. Ich nickte nur, nahm Marios Brieftasche von der Kommode und folgte ihm zur Wohnungstür. Die Katze saß verängstigt hinter meiner Reistasche und beobachtete uns.

Ich wartete lange, zusammengekauert auf dem harten Stuhl im Wartebereich der Notaufnahme. Es war fast vier Uhr, als ein Arzt auf mich zukam und mich über seinen Zustand informierte. Ischämischer Schlaganfall mit Gehirninfarkt. Verursacht durch ein Blutgerinnsel. Die rechte Körperhälfte sei komplett gelähmt. Das Sprachzentrum sei auch betroffen. Man habe ihm Medikamente gegeben, um das Gerinnsel aufzulösen. Es bestände keine Lebensgefahr mehr. Ich nickte nur zu allem, was er sagte. Fragen hatte ich nicht. Dann durfte ich kurz zu ihm. Er lag auf der Intensivstation, an Apparaten und Schläuchen angeschlossen. Bleich im hellen Licht der Neonlampen. Seine Augen waren geschlossen. Nur das regelmäßige Piepen der Apparate verriet, dass er noch lebte. Ich war froh, das Krankenhaus wieder verlassen zu können.

Ich wollte nur noch schlafen. Die Katze schlief in dieser Nacht bei mir. Warm und angenehm fühlte sich ihr Körper neben meinem an.

Es war fast Mittag, als ich aufwachte. Die Sonne schien in den Raum. Die Katze lag noch neben mir, ihr weißes Fell glänzte im Licht wie Seide. Sie hatte die Augen geschlossen. Zaghaft berührte ich ihr Fell. Es fühlte sich kühl und seidig an. Sie antwortete mit einem leisen Gurren, ein Geräusch, das mich an eine Taube erinnerte. Sie schnurrte, drehte sich auf den Rücken und ließ sich von mir streicheln. Nach einer Weile stand ich auf und zog mich an. Es war der erste Tag seit langem, an dem ich mich erfrischt und ausgeschlafen fühlte.

Im Krankenhaus hatten sie Mario schon verlegt. Er war wach und blickte mich an. »Hallo«, sagte ich. Er versuchte zu sprechen. Unverständliche Laute entwichen seiner Kehle. Komisch sah er dabei aus. Sein Gesicht, durch die Lähmung verzerrt, wirkte fremd. »Ich habe dir ein paar Sachen mitgebracht.« Ich räumte Schlafanzug, Zahnbürste und Handtücher in den schmalen Schrank. Dann saß ich da. Sprach mit ihm. Über das Wetter, die Katze und über uns. Seine Augen schlossen sich für ein paar Sekunden. Dann sahen sie mich an, traurig, hilflos und bittend. Ich wusste, er wollte, dass ich seine Hand in meine nahm, dass ich ihm sagen würde, es würde alles wieder gut. Aber ich tat es nicht. Sah ihn nur an, wie er da reglos lag, bleich, sein Körper unter den weißen Decken verborgen. Ein Fremder.

Draußen atmete ich tief ein. Die Luft war klar und erfrischend. Es war ein warmer Herbsttag, die Sonne schien und ließ die Bäume im Park des Krankenhauses in den Farben des Herbstes leuchten. Nichts war zu spüren vom Regen und der Kälte der letzten Nacht. Ich lief eine Weile durch den Park, fühlte mich ruhig und gelassen. Ich dachte nicht an ihn, da oben in dem weißen Bett. Ich dachte auch nicht darüber nach, was gewesen wäre, wenn... Wenn ich nicht gegangen wäre. Wenn ich früher zurückgekommen wäre. Wenn ich wirklich gegangen wäre.

Abends saßen wir zusammen auf der Couch vor dem Fernseher. Ich und die Katze auf meinem Schoß. Und während ich dem Fernsehprogramm folgte, grub ich meine Hände in ihr kühles weiches Fell. »Mein kleines süßes Mohrchen«, flüsterte ich ihr zu. Mohrchen. So hatte er sie genannt. Sie rieb ihren Kopf an meinem Knie und schnurrte.

Sabine van den Benken

Paule

»Meine Mutter will uns morgen besuchen.«

Bastian hob den Kopf. »Trude?!«, fragte er. Seinem Tonfall nach hätte er ebenso gut »Pest« oder »Syphilis« sagen können.

Heikes Lippen wurden schmal. »Darf ich mal fragen, was dich an ihr stört?«

So ziemlich alles, hätte er ihr am liebsten geantwortet, doch in diesem Moment spuckte die Katzenklappe Paule aus.

Der kräftige graue Kater schüttelte sich und blickte missmutig zurück. Kein Zweifel, die Klappe war beim letzten Türputzen eingelaufen.

»Na, Dicker«, begrüßte Heike ihn spöttisch.

»Paule ist nicht dick, der hat bloß ein dickes Fell«, verteidigte Bastian seinen Kater sofort.

Paule sprang auf die Eckbank und blickte sein Herrchen verzückt an. Genau!

»Du und dein blö...« Heike schluckte den Rest der wenig charmanten Bemerkung hinunter und sagte stattdessen bissig: »Klar, dass du deinen kleinen Liebling wieder mal in Schutz nimmst.«

Paule verzog sein Gesicht. Sein Freund Bastian ver- und entliebte sich etwa im Rhythmus von Ebbe und Flut. Warum um alles in der Welt musste er Heike bloß gleich bei sich einziehen lassen?

»Manche Katzen haben eben ein dickes Fell«, beharrte Bastian.

Heike rümpfte die Nase. »Der nicht. Der ist bloß fett!«

Paule blinzelte zu ihr rüber und legte seine Pfote besitzergreifend auf Bastians Bein, worauf dieser begann, ihn sanft zu kraulen. Ich liebe dich, schnurrte Paule.

Heike sah den Kater finster an. Wenn Blicke töten könnten, wäre er augenblicklich umgekippt. »Du streichelst deinen Kater immer mehr«, beschwerte sie sich.

Bastian setzte zu einer heftigen Antwort an, doch ein Blick auf Heikes Miene hielt ihn davon ab. Trotzig schob er das Kinn vor. »Unsinn, das bildest du dir bloß ein.«

Heike zog einen Mundwinkel verächtlich runter und wechselte abrupt das Thema. »Es geht also in Ordnung, dass meine Mutter kommt?«

Bastian machte mit dem Kopf eine Bewegung, die alles bedeuten konnte. Zustimmung, Verneinung, Gleichgültigkeit.

»Gut.« Heike lehnte sich zurück und ließ klirrend den Löffel in der Kaffeetasse rotieren. »Ach ja, bevor ich's vergesse, sie bringt einen Begleiter mit.«

»Was denn, Drachenbändiger gibt's noch?«

Heike beugte sich mit blitzenden Augen zu ihm hinüber. »Du kannst meine Mutter nicht leiden, richtig?«

»Wie kommst du denn da drauf«, gab Bastian lahm zurück.

»Nun, dann erinnere dich mal an den Tag, als sie auf der Kellertreppe weggerutscht und so unglücklich am Geländer hängen geblieben ist, dass sie sich selbst nicht befreien konnte…«, sagte sie spitz, »als was würdest du deinen damaligen Vorschlag bezeichnen, sie dort hängen zu lassen und sich einen schönen Abend zu machen?«

»Notwehr?«, grinste Bastian schief.

»Witzig.«

Paule döste auf dem Kratzbaum, als ihn ein Geräusch veranlasste, sein Ohr in diese Richtung zu drehen.

»Gott, ist der süß!«

Na aber sicher doch, dachte er geschmeichelt. Dann wurde ihm plötzlich klar, wer das gesagt hatte. Verschlafen setzte er sich auf und sah Heike, die vor ihrer Mutter stand und hingerissen etwas bewunderte, das diese im Arm hielt.

»Nicht wahr.« Trude beugte sich vor und der Stoff ihrer ohnehin schon äußerst engsitzenden Hose spannte sich beängstigend. Suchend sah sie sich um. »Wo ist denn der dicke Brummer?«

Der steht direkt vor dir, gähnte Paule mit Blick auf Trudes fassähnliche Figur. Er streckte sich genussvoll, als er eine Bewegung in Trudes Rüschenbluse wahrnahm. Seine Pupillen weiteten sich, träumte er oder war das tatsächlich eine Hundeschnauze, die da gerade sichtbar wurde?

Bastian erschien im Türrahmen.

»Darf ich vorstellen, das ist Schnuckelchen«, strahlte Trude ihn an.

Bastian antwortete nicht, sondern starrte ungläubig auf den Dackel, der sich, von seinem Frauchen auf den Boden gesetzt, erst einmal auf dem hellen Teppich verewigte.

»Ups«, kicherte sein Frauchen. »Da musste aber einer nötig.«

»Du hast einen Hund mitgebracht?«, donnerte Bastian.

Trude zog ein Tempotuch aus der Tasche und tupfte flüchtig über den feuchten Fleck. »Habe ich«, antwortete sie knapp.

Für einige Sekunden wechselten sich Wut und Ohnmacht auf Bastians Gesicht ab. Seine Hände zuckten in Trudes Richtung und man brauchte kein Hellseher sein, um zu wissen, was er am liebsten gemacht hätte. »Und Paule?«, fragte er.

»Was soll mit dem Dicken sein? Wenn er mit meinem Baby rumtollt, könnte er höchstens ein wenig abnehmen«, gab Heikes Mutter zurück.

Paule kletterte vom Kratzbaum und schielte zu Bastian.

»Erstens ist Paule nicht dick«, sagte er scharf, »und zweitens möchte ich gefragt werden, bevor mir so ein inkontinentes Vieh ins Haus kommt!«

»Du wirst ihn ja nicht lange ertragen müssen«, sagte Heike besänftigend und warf ihrer Mutter einen Blick zu, den diese lächelnd erwiderte.

»So ist es mein Schatz.« Trude wandte sich an Bastian. »Nun schau nicht so brummig. Ich koche dir dafür auch ein leckeres Hühnerfrikassee. Das magst du doch, oder?«

Bastian nickte automatisch. Wenn Trude auch eine Nervensäge war, kochen konnte sie zum Sterben gut.

So ein Verräter, dachte Paule beleidigt. Lässt für ein bisschen Essen zu, dass diese blöde Töle bei uns einquartiert wird. Wütend stapfte er zu seinem Futternapf, wo der Dackel auf ihn wartete. Paule legte die Ohren zurück, machte einen Buckel und fauchte: »Schieb ab, Zeckenteppich.«

»Pass auf, Flohquaste. Dein Futter würde ich nicht mal anrühren, wenn's sonst nichts mehr gäbe. Ich fresse nämlich nur frisch Gekochtes«, konterte Schnuckelchen.

Einen Moment lang starrten sie sich gegenseitig an, dann verließ der Dackel erhobenen Hauptes die Küche.

Paule richtete den Blick prüfend auf sein Futter. Wehe, der Köter hatte ihm da reingesabbert! Doch es schien in Ordnung zu sein.

Hinter ihm wickelte Trude das mitgebrachte Suppenhuhn aus und ließ es so heftig in den Topf fallen, dass das Wasser über den Rand schwappte. »Ein Glück, dass er Frikassee mag«, sagte sie zufrieden und drückte das Huhn tiefer in den Topf.

»Mögen sie das nicht alle?«, grinste Heike.

Trude dämpfte ihre Stimme. »Und du bist dir sicher, dass er keinen Verdacht hat?«

»Sicher.« Heike vergewisserte sich an der Tür, dass sie ungestört waren, und fuhr dann fort: »Er sieht sich nie die Ziehung der Lottozahlen an, sondern gibt einfach irgendwann den Schein ab. Um sich überraschen zu lassen, wie er sagt.«

»Fünfhundertsechzigtausend Euro«, strahlte Trude. »Plus das, was er noch so an Geld hat. Toll.«

Heike zog ein Fläschchen aus ihrer Jackentasche.

Trude warf einen kurzen Blick darauf. »Das Übliche?«

»Warum von Altbewährtem abgehen?«

Paule, der sich sorgfältig die Reste seiner Mahlzeit von den Schnurrhaaren putzte, sah auf. Mit so etwas brachte man Mäuse um die Ecke. Oder Ratten! Sein Blick traf auf Heikes und er schluckte. In ihren Augen glomm ein sonderbares Feuer, dass sich unwillkürlich eine pelzige Bürste auf seinem Rücken aufrichtete. Keine Frage, die beiden Frauen führten Übles im Schilde.

»Wenn ich es nicht besser wüsste…«, sagte Heike und packte den Kater unsanft im Nacken, »würde ich meinen, der Dicke hat jedes Wort verstanden.« Sie grinste Paule an. Es war ein teuflisches Lächeln. »Nur wird es ihm nicht viel nutzen.«

Angriffslustig schob Paule seine Schnurrhaare nach vorn und schlug mit ausgefahrenen Krallen nach ihr. Vergebens. Sie öffnete die Tür und beförderte ihn mit Schwung in den Garten.

Paule überschlug sich zweimal und blieb unter dem Flieder liegen. Oha, eine gelungene Landung fühlte sich anders an. Er rappelte sich auf, fuhr sich mit der Zunge in kurzen Strichen über das Fell und lief zur Küchentür zurück. Vorsichtig drückte er seinen Kopf gegen die Katzenklappe, als auch schon von innen ein Fuß heftig dagegentrat.

»Du bleibst draußen!«, rief Heike.

Autsch. Paules Blick fiel auf das handbreit geöffnete Badezimmerfenster. Na, dann eben dadurch, dachte er. Er spannte seine Hinterpfoten, ließ seine Vorderbeine vorschnellen und hing Sekunden später, lang ausgestreckt an der Hauswand. Sein Fell war nicht nur dick, sondern auch schwer.

»Hast du gesehen, Heike, da ist das fette Vieh schon wieder.« Trude, die gerade das fertig gekochte Huhn zerpflückte, deutete mit dem Messer auf Paule.

Der flüchtete so schnell er konnte auf das Sideboard im Esszimmer. Von hier hatte er einen hervorragenden Überblick.

»Schnuckelchen! Komm zu Mami. Leckerchen.«

Sofort tauchte der Dackel in der Küche auf und richtete seinen Blick erwartungsvoll auf das Hühnergerippe.

Trude tätschelte ihrem Liebling den Kopf. »Nein, mein Schatz, doch nicht die Knochen – das hier ist für dich.« Sie stellte ihm einen Teller Fleisch auf den Boden und kümmerte sich wieder um das Frikassee. »Butter... Sahne... Brühe...

Fleisch und zu guter Letzt – dies hier.«

Die Flüssigkeit aus dem Fläschchen tropfte in den Topf, als Trude plötzlich etwas auffiel.

»Oh nein!«, rief sie und knallte den Kochlöffel in die Spüle.

Heike sah sie überrascht an.

»Ich habe vergessen, eine Portion für uns abzuteilen.«

»Mist«, murmelte Heike und überlegte fieberhaft. Schließlich hatte sie eine Idee. »Wir gehen ins Café, dann können wir nachher behaupten, wir wären noch vom Kuchen satt.«

»Sehr gut«, Trude strahlte.

Kaum hatten die Frauen das Haus verlassen, sprang Paule auf die Spüle und warf einen prüfenden Blick auf das Ceranfeld.

Er verzog das Maul. Drei kleine rote Punkte – gleich dreimal heiß, wie er aus leidvoller Erfahrung wusste. Er wartete, bis sich die Felder ein wenig abgekühlt hatten, und presste, unter Schnuckelchens wachsamen Blick, seinen Körper gegen den heißen Topf. Der Geruch von angesengten Haaren stieg ihm in die Nase. Mein schönes Fell, dachte er wehmütig.

Nachdem er den Topf vom Herd gekippt hatte, zögerte der Dackel keine Sekunde. Ungläubig kratzte sich Paule am Kopf. Das Zeug war vergiftet und dieser Trottel machte sich darüber her? Tsss, entweder war der Köter dümmer als gedacht, oder er hatte nicht mitbekommen, was sein Frauchen vorhat.

»Ähm«, räusperte er sich.

»Wenn du etwas sagen willst, schieb es dir sonst wohin und lass mich in Ruhe fressen!«

Paule zuckte mit den Schultern. »Gerne.«

Die Küchentür öffnete sich.

»Oh, Paule, was hast du denn da angestellt?«, rief Bastian, als er die Bescherung sah. »Wenn Trude und Heike das sehen.«

Schnuckelchen sah ihn mit großen Pupillen an und schnappte nach Luft, Bastian tätschelte ihm den Kopf. Dann machte er sich an die Arbeit und entsorgte die Reste des Essens auf dem Küchenboden im Mülleimer. Da fiel ihm ein kleines braunes Fläschchen auf. Er steckte es in die Tasche und verließ die Küche.

Paule sprang vom Herd, um Bastian ins Arbeitszimmer zu folgen. Neben dem bewegungslos daliegenden Hund blieb er stehen. »Tut mir leid, Kumpel, aber du wolltest es ja nicht anders.«

Eine Stunde später hörte Paule die beiden Frauen zurückkommen. Sie schienen sehr vergnügt, bis ein gellender Schrei ihr Gelächter plötzlich unterbrach. Die Tür des Arbeitszimmers flog auf und Heike erschien im Türrahmen.

Bastian, der am Schreibtisch saß und Paule kraulte, hob den Kopf. »Der Schuss ist wohl nach hinten losgegangen, was?«

»Ich... versteh nicht.«

»Oh, ich glaube, du verstehst ganz gut.« Er nahm etwas aus der Schreibtischschublade. »Kurz nachdem du bei mir eingezogen bist, stand dieser Artikel in der Allgemeinen.« Er faltete ein Blatt auseinander und las laut vor: »Tom W., das dritte Opfer der Frikasseemörderin!«

Für den Bruchteil einer Sekunde meinte Paule, ein nervöses Flackern in Heikes Augen zu sehen, doch dann wurde ihre Miene wieder ausdruckslos. »Na, und?«

»Weißt du, obwohl ich die Beschreibung der Täterin gelesen hatte, wollte ich nicht wahrhaben, dass du das sein könntest.«

»Ich glaube, deine Fantasie geht mit dir durch«, sagte Heike kalt. »Welchen Grund sollte ich wohl haben, dich umbringen zu wollen?«

Bastian schob Paule sanft ein Stück zur Seite, zog einen Kontoauszug unter der Schreibunterlage hervor und reichte ihn ihr. »Wie wäre es damit? Um nicht doch irgendwann einmal einen Lottogewinn zu übersehen, habe ich veranlasst, dass jeder Gewinn automatisch auf mein Konto überwiesen wird. Dein Pech, dass Paule euren Plan durchkreuzt hat.«

»Keine Ahnung, was du meinst.«

»Dann helfe ich dir mal ein wenig auf die Sprünge«, sagte Bastian und hielt ihr die kleine Flasche entgegen. »Vielleicht erinnerst du dich jetzt?«

Er trat so dicht an sie heran, dass sie seinen Atem auf ihrer Haut spüren konnte. Beinahe spielerisch glitten seine Hände über ihren Hals.

Oh Junge, dachte Paule erschrocken. Das ist gar nicht gut! Wer soll mir denn das Futter bringen, wenn du im Gefängnis sitzt? Bevor er jedoch eingreifen konnte, hatte Bastian Heike schon wieder losgelassen und den Telefonhörer in die Hand genommen, um die Polizei zu rufen.

Paule begann erleichtert zu schnurren. Sein Blick begegnete dem von Heike.

»Mit dir hätte ich anfangen sollen«, sagte sie.

Jens Kothe

Max und Moritz

Wie jeden Morgen ging Philipp noch ziemlich verschlafen in die Küche. Er warf mir nur einen kurzen Blick zu, nuschelte einen Guten-Morgen-Gruß und machte sich sein Müsli.

Dann spazierte Moritz, der fette schwarze Kater, den er vor kurzem aus dem Tierheim geholt hatte, in die Küche. Mit einem Schnurren strich er Philipp um die Beine, während er mich mit einem breiten Grinsen bedachte. In meinen Augen war es blanker Hohn, wie er mich da anfunkelte. Ich hätte ihn am liebsten dafür umgebracht. Aber so musste ich mit ohnmächtiger Wut zusehen, wie Philipp diesen Fettwanst auf seinen Schoß hob und ihm durch das Fell strich.

»Na Moritz, gut geschlafen?«, murmelte er und stellte diesem Heuchler dann noch ein Schüsselchen mit Milch hin. Erst danach kam er auf die Idee, auch mir etwas zu geben!

»Ach, Max! Du musst ja sterben vor Hunger!« Er gab mir einige Maiskörner und etwas von diesem gammeligen Mäusefutter. Ich würdigte beide keines Blickes und kroch in mein kleines Mäusehaus, um mich in die Watte und das Stroh zu kuscheln.

»Komische Maus«, war alles, was er dazu sagte.

Ich schluchzte leise. Warum um alles in der Welt hatte er ein neues Haustier mitgebracht? Bisher war ich doch immer sein Liebling gewesen. Seine kleine Rennmaus, wie er mich liebevoll nannte. Und dann auch noch einen Kater! Jeder Mensch wusste, dass Katzen und Mäuse ungefähr so gut zusammen passten wie Feuer und Wasser.

Moritz sei ein rein vegetarischer Kater, hatte er mir versichert. Er hätte extra die Leute im Tierheim gefragt. Pah! Ich sah doch, wie dieser schwarze Mörder mich mit hungrigem Funkeln in den Augen anstarrte und nur auf die Gelegenheit wartete, mich zu verspeisen!

Jetzt war Moritz im Garten und Philipp unterwegs zur Vorlesung. So ganz traute er Moritz wohl doch nicht über den Weg, denn immer, wenn er mit dem Fahrrad zur Uni fuhr, musste der Kater raus aus der kleinen Wohnung und sich draußen amüsieren. Sorgfältig verschloss er dann Haustür und Fenster. Und ich sollte ihm glauben, dass Moritz Vegetarier war, dass ich nicht lache!

Trübsinnig starrte ich durch die weißen Gitterstäbe meines Käfigs und überlegte, was ich machen sollte. Wenn ich nur aus diesem verdammten Ding klettern könnte, in dem ich neuerdings leben musste. Früher durfte ich durch die ganze Wohnung laufen. Die Welt war schrecklich ungerecht!

Ich betrachtete das Käfigschloss genauer, aber da war nichts zu machen. Traurig setzte ich mich auf meine Hinterpfoten und haderte mit dem Schicksal. Jetzt probierte ich doch die Körner von heute Morgen und knabberte lustlos an ihnen herum. Langweilig, mir war so langweilig und ich vermisste Philipp. Eine Träne kullerte über meine Wange und tropfte auf den mit Stroh bedeckten Boden. Da hörte ich ein leises Tappen. Als ich aufblickte, stand Moritz vor meinem Käfig. Vor Schreck wäre ich fast umgekippt, mein Herzschlag setzte für einen Augenblick aus.

»Warum so betrübt?« Der Kater grinste mich an und ich konnte seine spitzen Zähne erkennen. Aus seinen Augen blitzte mir die pure Mordlust entgegen.

»Wie bist du ins Haus gekommen?« Fassungslos schaute ich auf das Ungetüm vor mir. Welch erbärmliches Ende für eine Rennmaus, gefressen von einem dicken Kater, der wahrscheinlich schon bei der geringsten sportlichen Betätigung Kreislaufprobleme bekam.

»Ach, Philipp hatte etwas vergessen und musste noch mal ins Haus zurück, da bin ich dann schnell mit hineingehuscht. Er hat mich nicht bemerkt.« Zufrieden leckte er seine Pfoten.

»Und was hast du nun vor?«, fragte ich und versuchte meine Stimme so ruhig wie möglich zu halten. Innerlich war ich jedoch einer Panikattacke nahe.

»Dich fressen, was sonst?«, entgegnete er und grinste noch breiter.

»Wehe, du rührst mich an!«, drohte ich ihm. Aber er lachte nur und kam ganz dicht an den Käfig heran.

»Angst?«, fragte er spöttisch.

»Nein, gar nicht!« So trotzig wie möglich erwiderte ich seinen starren Blick, während ich am liebsten ins nächste Mäuseloch gesaust wäre. Nur gab es diese leider nicht in Philipps Wohnung und im Käfig schon mal gar nicht.

»Dann kann die Show ja beginnen!« Er richtete sich auf und langte mit den Pfoten nach dem Riegel. »Ich wünsche allseits guten Appetit.« Und dann hatte er mit seinen kräftigen Pfoten die Tür geöffnet und der Käfig war offen!

Aus schierer Verzweiflung rief ich: »Hilfe, Philipp, er will mich fressen!« Dabei deutete ich auf Moritz. Und es funktionierte!

Erschrocken wirbelte Moritz herum und blickte sich auf der Suche nach Philipp um. Derweil schlüpfte ich aus dem Käfig und rannte um mein Leben.

»Na warte!«, graulte der Kater und sprang mir hinterher. »Noch einmal wirst du mich nicht austricksen!«

Ich huschte aus der Küche. Meine kleinen Pfoten trommelten über den Boden und wie ein weißer Blitz war ich in Philipps Schlafzimmer und verschwand unter dem schmalen Spalt seines Kleiderschranks. Schlitternd bremste der Kater ab, krachte aber dennoch gegen die Holztür.

»Ätsch!«, rief ich laut, während er sich mit einer Pfote über seine Nase rieb und schmerzhaft das Gesicht verzog. Dann legte er sich flach auf den Boden und fixierte mich mit seinen grünen Augen.

»Nicht schlecht, du bist wirklich flott!«, stellte er fest. »Aber wir wissen doch beide, dass es keinen Sinn hat, sich zu verstecken. Also komm heraus!«

Ich lachte nur spöttisch, während ich mich ganz nach hinten an die Wand drückte.

»Dann eben nicht.« Er fuhr mit einer Tatze unter den Schrank und angelte nach mir, aber er verfehlte mich um einiges. Ich grinste ihn frech an. »Zu dumm, dass du so dick bist, sonst könntest du vielleicht unter den Schrank kriechen!«

Er starrte mich böse an und zog seine Pfote zurück. Ich atmete auf und wollte mir schon auf die Schultern klopfen, als ich hörte, wie die Schlafzimmertür zufiel. Nun war ich mit ihm im Zimmer eingesperrt! Nur Mut, beruhigte ich mich. Er wird dich schon nicht kriegen!

Vor mir tauchte wieder das Gesicht des Katers auf. Ganz dicht presste er sich auf den Boden und schob sich Zentimeter um Zentimeter voran. Langsam bekam ich doch ein mulmiges Gefühl. Er quetschte seinen Kopf unter die schmale Öffnung und langte wieder mit der Pfote nach mir. Diesmal war es schon deutlich näher!

»Zu dick, hm?« Er schenkte mir ein etwas gequältes Lächeln und mühte sich noch weiter ab. Ich bekam nun ein ganz mieses Gefühl. Und dann konnte ich mich gerade noch mit einem Sprung zur Seite retten!

»Gleich habe ich dich!« Erwartungsvoll zitterten seine Barthaare mir entgegen.

»Philipp wird dich umbringen!«, spielte ich meinen letzten Trumpf aus.

»Hey, ich bin ein Kater, es ist nur natürlich, dass ich dich fressen will!« Er holte erneut mit seiner Pfote aus. Ich täuschte an, nach rechts ausweichen zu wollen, und sauste dann links an ihm vorbei, als er zuschlug. Doch er streckte einfach ein Hinterbein aus und ich stolperte darüber. Ich krachte auf den Boden und kugelte einen Moment durch die Gegend. Dann stoppte irgendetwas unsanft meinen Sturz. Moritz hatte mich erwischt! Hilflos hing ich in seinem Griff.

»Jämmerlicher Versuch! Tja, ich würde sagen, aus die Maus!«, sagte er und leckte sich die Lippen. Ich schloss die Augen. Ade, du unfaire Welt.

»So, ich denke, das genügt!«, hörte ich ihn als Nächstes sagen. Verwirrt öffnete ich wieder die Augen und starrte zu ihm empor. Er setzte mich vorsichtig auf dem Boden ab, wo ich nur noch zusammenbrach.

»Du weißt doch, dass ich Vegetarier bin, ich würde dich niemals fressen! Ich wollte einfach nur ein bisschen spielen! Ich war so lange im Tierheim, da konnte ich mit niemand spielen.« Er seufzte und tätschelte mich sanft, mit eingezogenen Krallen.

»Entschuldige, dass ich so getan habe, als wolle ich dich fressen, aber mir war so langweilig...«

»Langweilig?!« Ich schnappte nach Luft und schaute ihn völlig entgeistert an.

»Ja, tut mir wirklich leid!«

»Es tut dir leid?« Immer noch atemlos richtete ich mich auf. »Das soll ja wohl ein Witz sein! Du hast mich durch die halbe Wohnung gejagt!«

»Stimmt, ich fand das sehr lustig«, schnurrte er.

»Lustig?! Du elender Kater hast mir einen Riesenschreck eingejagt!«

»Aber du hast es sicher genossen, mal wieder frei laufen zu können und nicht in diesem Käfig eingesperrt zu sein.« Ihn schien mein Wutausbruch völlig ungerührt zu lassen.

»Wir könnten das öfters machen«, schlug er vor.

Ich konnte ihn nur fassungslos ansehen. Er meinte das wirklich ernst!

»Freut mich ja sehr, dass du deinen Spaß hattest, aber ich wäre vor Angst fast gestorben!«, fuhr ich ihn an.

»Dafür siehst du allerdings noch ziemlich munter aus«, war alles, was er dazu sagte. Völlig erschüttert sank ich auf dem Boden zusammen. Ich war völlig fertig mit den Nerven.

Moritz stieß mich mit seiner Pfote leicht an und meinte: »Kopf hoch, beim nächsten Mal werde ich es dir vorher sagen, dass ich nur spielen will!«

Wider Willen musste ich lächeln. Er war einfach unmöglich, dieser Moritz. Mein Grinsen wurde breiter und breiter, bis ich schließlich anfing zu lachen. Er stimmte in mein

Lachen ein und dann rollten wir beide über den Teppich und Tränen liefen uns übers Gesicht.

»Freunde?«, fragte er mich.

»Freunde!«, wiederholte ich und schlug in seine dargebotene Pfote ein. »Aber irgendwann werde ich es dir heimzahlen, dass du mich so erschreckt hast!«, schwor ich ihm.

Ulf Großmann

Sein Kätzchen

Einsam ist es in Susannes Revier. Gregor ist nicht mehr da. Sie vermisst seine streichelnden Hände. Wie eine zufriedene Katze hatte sie sich mit ihm gefühlt. Morgens trank sie warme Milch aus ihrer Tasse, auf der sein Name stand.

Lächelnd schlief sie abends ein, er hinter ihr, seine rechte Hand auf ihrer linken Brust.

Vorbei.

Ausgezogen: Er! Zu einer mit der Beweglichkeit einer Katze, hatte er gesagt.

Zurückgelassen: Sie! Bewegungslos.

Susanne wartete, schrieb Briefe, die unbeantwortet blieben. Sie rief an, er legte auf. Sie ging zu ihm, er wies sie ab.

Mein Kätzchen, hatte er sie genannt. Vielleicht gab es eine Möglichkeit. Sie versuchte es auf Katzenart. Sie schlich auf leisen Pfoten zu ihm. Klingelte. Kratzte an seiner Tür. Nichts. Aber er war im Hause. Da war sie sicher. Vielleicht mit dem neuen Kätzchen? Er öffnete nicht. Das war sein Recht. Das ist der Leerraum zwischen Recht und Gerechtigkeit.

Sie schlich ums Telefon, die Katze um den heißen Brei. Sie wählte Gregors Nummer.

Warum rufst du an?, fragte er.

Sie maunzte.

Er legte auf.

Sie schaffte es nicht mehr, jeden Tag zur Arbeit zu gehen. Das Büro lenkte sie zu sehr von den Problemen ab. Die Kündigung des Instituts hatte sie nicht gelesen, nur zerrissen. Sie öffnete noch sporadisch die Briefe von der Bank, dem Vermieter und andere unwichtige Post. Dann gar nicht mehr.

Das war nicht mehr ihre Realität.

Das hat sie hinter sich gelassen. Sie reagiert nicht auf das Klingeln und Klopfen. So ist es einfacher.

Sie schleicht nach draußen und huscht zurück. Manchmal will ein dumpfes Unglücksgefühl sie vollends packen, doch sie rettet sich immer wieder.

Sie weiß nicht, was sie Falsches getan haben soll. In der Badewanne versucht sie zu entspannen. Doch zu nass, zu kühl. Sie springt heraus. Schüttelt sich. Steht auf.

Sie will das Gesicht im Spiegel nicht sehen. Krümmt sich. Lässt sich nach unten gleiten und denkt an ihn. Plötzlich ist er neben ihr und flüstert wie früher: Mein Kätzchen.

Susanne gähnt, streckt sich. Sie schnurrt nach ihm. Fährt sich mit der Hand durchs Fell. Krault sich. Das ist nicht dasselbe, wie wenn es seine Finger wären. Sie lässt los. Wird es heute Abend tun.

Da kann sie hinterher manchmal sogar einschlafen.

Da liegt er fast neben ihr.

Da kann sie schlafen.

Sie schmiegt sich in die Nacht und in die Decken. Liegt wach, bis der Morgen kommt. Fast den ganzen Tag wartet sie mit gesenktem Kopf an der Tür. Die Luft liegt schwer und staubig im Zimmer. Die Wohnung, träge und von Einsamkeit müde, ringt nach Atem.

Später spielt Susanne. Er hat seinen Schatten zurückgelassen. Das Gefühl der Berührung. Sie streckt und reckt sich nach ihm. Hascht seine Fäden, die sich noch in der Wohnung kreuzen. Kann nichts festhalten. Doch das Spiel ist ihr genug. Sie beißt sich selbst. Der Schmerz ist nicht unangenehm.

Sie rollt sich zusammen und schnurrt und wartet. Der Schattenatem streicht über ihre Wange. Sie lächelt. Schmeckt seinen Hauch. Ihre blasse Zunge leckt nach ihm. Sie bekommt Hunger. Der Kühlschrank ist leer. Die Näpfe auch. Sie macht sich auf und läuft zum Laden.

Milch und Fisch kauft sie.

Auf Susannes Krallen schaut die Kassiererin, als sie das Wechselgeld herausgeben will. Macht ein langes Gesicht. Die mag wohl keine Katzen.

Da faucht Susanne sie an. Die Verkäuferin bekommt ein nervöses Gesicht, gibt hastig das Geld. Nicht in die Pfoten. Sie lässt es in die Plastikschale fallen. Mit einem Maunzen krallt es Susanne, schlüpft in den Tag, huscht durch die Straßen und spürt die Blicke der Passanten. Sie hört ihr Flüstern. Gedanken rennen durch ihr Hirn. Sie rennt. Rennt aus Versehen gegen einen. Prallt zurück. Denkt, dass es Gregor ist. Sie macht sich größer und öffnet weit die Augen, stellt sich quer, streckt die Beine durch, sträubt das Fell und pirscht auf ihn zu. Stößt ihn mit dem Kopf am Arm. Ein Blick von oben. Er ist es nicht.

Katzenstill schiebt sie sich an Häuserwänden entlang, nach Hause.

Daheim schärft sie ihre Krallen an dem alten Baststuhl, wartet auf ihn.

Es wird wärmer.

Es wird Frühjahr.

Es ist an der Zeit.

Barfuß geht sie durchs Zimmer. Das lange Haar fällt frei den Rücken herab. Sie schneidet es ab. Haart sich, lässt sich ein Sommerfell wachsen. Fühlt sich so leicht und wittert seine Rückkehr. Leckt sich die Pfoten. Ihre Nackenhärchen stellen sich auf. Wieder verbringt sie die Nächte an der Tür. Wartet, dass er kommt, ihr seine Hand hinhält und sie ihren Kopf daran reiben kann.

Es muss gut ausgehen. Sie hat in der Kirche eine Kerze als Zeichen der Hoffnung entzündet. Gleich nach seinem Auszug im Dezember. Sie hat ihre Sorge und ihre Bitte an das Kreuz geheftet. Der Pfarrer hat versprochen, sie in seine Fürbitte vor Gott zu tragen. Sie ist um die Kanzel herumgeschlichen. Hat vor dem Altar gekniet. Gemaunzt. Wenn es einen Gott gibt, dann muss er es gehört haben.

Doch es tut sich nichts. Wacht ER nur nachts? Kann ER sie nicht zuordnen? Ihre Pfote schlägt in die Luft, nach diesem Gott. Ins Leere. Enttäuscht sinkt sie zusammen.

Sie hört das Geräusch der Heizung, zuckt erschrocken. Die Töne dringen durch den ganzen Körper. Da schlägt einer was dagegen. Das dröhnt in ihren Ohren. Sie schleicht zu den Rohren. Leckt das Metall mit der Zunge. Es ist kalt. Die Heizperiode ist vorbei.

Susanne liegt auf dem Teppich rekelt sich in den Sonnenstrahlen, als könnte Gregor gleich daran herabrutschen. Auf sie. In sie. Es hilft nichts.

Es bleibt kalt.

In ihr.

Sie verlangt nach Wärme. Wickelt sich in Decken. Gierig schleckt sie Milch vom Teller. Isst den letzen Fisch und leckt die Gräten weiß. Denkt an ihn und frisst ihm aus der Hand. Sie spürt ihn wieder. Aus jeder Ecke dringt sein Geruch.

Susannes Körper fühlt sich heiß an und ihr ist so eisig.

Sie träumt. Ein Tuch aus seinem Geruch gewebt schwebt auf sie herab. Deckt sie zu, lockend mit ihm zu verschmelzen. Sie macht einen Katzenbuckel. Raum und Zeit fallen über ihr zusammen. Mein Kätzchen, flüstert es. Flüstert er, neben ihr. Sie rennt den Fäden hinterher. Miaut und läuft ihre Innenstraßen auf und ab. Ist erschöpft. Wenn sie die Augen bewegt, schmerzt es. Sie legt die Lider über sie, rollt sich zusammen und wartet auf ein nächstes warmes Wort.

Die Zeit verrinnt. Wasser fließt noch aus dem Hahn. Ihre Nahrung fängt sie sich in den Papierkörben des Parks. An das Knistern und Klackern, das Knirschen und Schnauben im Haus hat sie sich gewöhnt. Sie hört jetzt alles viel besser.

Manchmal strecken sich Hände nach ihr oder es fallen Worte auf sie, dann knurrt sie und faucht. Macht sich davon.

Jahreszeiten schießen ins Kraut. Sie schlägt mit den Pfoten nach den kleinen Tierchen in der Küche, die aus den Ecken kriechen. Sie putzt sich, leckt alle erreichbaren Stellen. Ein Geräusch, sie schnellt herum, beißt ins Leere. Wo ist seine Hand? Sie will spielen. Immer wieder anschleichen, beobachten und zuschlagen. Immer wieder entwischt er ihr.

Susanne macht sich klein, sammelt die Beine und Arme unter sich. Hockt nur so da. Schwingt vor und zurück. Maunzt.

Draußen fällt still der Schnee. Lieder von einer fröhlichen Zeit erklingen. Sie denkt daran, einen neuen Gregor zu suchen, – im Hinterköpfchen auch – dem alten zu begegnen. Sie streunt umher, bis sie sich unter eine Bank zum Schlafen legt. In der frostigen Nacht schmiegt sie ihren Körper in den Schnee, als hätte sie sieben Leben. Verträumt die Stunden. Und träumt immer wieder die alten Träume.

Barbara-Marie Mundt

Katze müsste man sein

An diesem Morgen beschloss ich, dass sich etwas ändern müsse.

Ich hatte gar nichts gegen die Katze, im Gegenteil. Schließlich war ich es gewesen, die sie gefunden hatte, halb verhungert im Zaun steckend, von Nachbars kläffender Hundemeute bedroht. Ich war es auch, die ihr mittels eines Gummihandschuhs, der als Sauger dienen musste, bevor wir einen kaufen konnten, die ersten Tropfen verdünnter Zuckermilch einflößte. Ich war es, die ihre am falschen Ort platzierten Hinterlassenschaften entfernt hat. Aber seine Schulter war es, auf der sie nach dem Frühstück lag, sich rekelte und mich anblinzelte.

Mir gab er die Schuld, wenn Kätzchen Mia die Papiere auf seinem Schreibtisch durcheinandergebracht hatte und dabei sein Autoschlüssel im Papierkorb gelandet war. Ich war es, die sie im dichtesten Berufsverkehr durch die Stadt zum Tierarzt chauffieren durfte, als sie Husten hatte. Aber auf seinem Schoß schnurrte sie hingebungsvoll, wenn er abends am Kamin Freunden von ihrer Herkunft erzählte.

Sie war seine Samtpfote, seine Tigerschnauze, seine portugiesische Prinzessin, die wir mutterlos gefunden und aus dem Urlaub mit nach Hause gebracht hatten.

Er sagte: »Meine Babykatze«, und sie lag auf dem Rücken in seinem Arm, während er ihren Bauch kraulte.

»*Meinen* Bauch hast du schon lange nicht mehr gekrault«, bemerkte ich, was er überhörte.

Sie saß beim Frühstück auf seinem Schoß und ließ sich schnurrend streicheln und nahm gern kleine Leckerhäppchen entgegen.

Auf mein »Früher einmal hast du mich gestreichelt und mir leckere Häppchen gereicht« reagierte er nicht.

Schließlich landete die Katze in unserem Bett, krabbelte nachts unter der Decke herum, spielte mit seinen Fingern und knabberte an seinem Ohr.

»Katze müsste man sein!«, brummte ich, als ich auf die Couch im Wohnzimmer umzog.

Diesen Morgen beschloss ich, dass sich etwas ändern müsse. Es fiel mir nur nicht ein, was und wie. Eine Scheidung kam nicht infrage, ich liebte meinen Mann, ja sogar die Katze in gewisser Weise.

Während ich zur Arbeit fuhr, dachte ich angestrengt nach; eine Lösung wollte mir jedoch nicht einfallen.

Abends waren wir zum Essen bei Freunden eingeladen. Ich hatte Mühe mit dem Besteck, meine Fingernägel waren viel zu lang. Hatte ich sie nicht gestern erst geschnitten?

Als die Männer auf dem Balkon eine Zigarette rauchten, räusperte meine Freundin sich. »Du«, sagte sie schließlich, »ich benutze so ein Kaltwachs. Das tut gar nicht weh. Ruckzuck ist der Bart ab.« Wie kam sie darauf? Ich ging, ohne zu antworten, ins Badezimmer. Im Spiegel sah ich es nun auch: Auf beiden Seiten meines Mundes wuchs ein Damenbart. Bald darauf drängte ich meinen Mann zum Aufbruch, was ihm gelegen kam, da er bereits die Kuschelstunde mit seiner Katze vermisste.

Ich schlief unruhig in dieser Nacht, lag unbequem; das war wohl der ungewohnten Couch geschuldet. Beim Duschen am Morgen bemerkte ich den weichen Flaum auf meinem Bauch. Ich zog mich schnell an und bereitete das Frühstück, wobei mir wieder meine langen spitzen Fingernägel im Weg waren. Mein Mann kam wie immer erst, als der Tisch fertig gedeckt war und der Kaffee in der Kanne dampfte. Bevor er sich setzte, kraulte er mich liebevoll zwischen den Ohren.

»Miau«, entfuhr es mir sanfter, als es meine Absicht gewesen war.

Ebenfalls aus dem Kurzgeschichten-Wettbewerb der edition tieger:

Manfred Plinke (Hg)

Sie streichelt ihre Katze mehr als mich

192 Seiten, Hardcover

ISBN 978-3-86671-066-5

Die Versuche der Männer, ein Streichel-Monopol für sich durchzusetzen, müssen bei dem feinen Gespür und klugen Methoden der Katzen, solche Pläne zu durchkreuzen, scheitern. Die Verwicklungen dieser Dreiecksbeziehungen sind überraschend, witzig und führen manchmal zu einem unerwarteten Ergebnis.

Autoren

Alle Geschichten sind für den Kurzgeschichten-Wettbewerb der edition tieger eingereicht worden. Wir danken allen Autoren für ihre vielen guten Beiträge.

Tanja Bernards, geb. 1982, studiert Soziale Arbeit an der Katholischen Hochschule NW und lebt, zusammen mit ihren drei Katzen, in Aachen.

Susanne Bohne, geb. 1978, studierte Germanistik und arbeitet als Mediendesignerin im Ruhrgebiet. Sie hat ihren Debütroman vollendet und hofft nun auf einen interessierten Verlag.

Beryl Bolduan, geb. 1971, Gymnasiallehrerin für die Fächer Englisch und Geschichte. Sie lebt mit ihrem Mann und ihren zwei Katzen in Rastede im Ammerland.

Ulrich Borchers, arbeitet bei den Punkten im Kraftfahrt-Bundesamt. Deshalb ist Schreiben seine Passion, er ist Preisträger eines Kurzgeschichten-Wettbewerbs.

Magdalena Bott, geb. 1961, Studium der Musikwissenschaften, lebt in der Eifel. Sie hat in Anthologien veröffentlicht und einen Gedichtband herausgebracht.

Lilian Brandt, geb. 1965, Erzieherin, Gedichtveröffentlichungen. Sie hat ein Faible für Katzen.

Catrin George, geb. 1967, lebt seit 1999 in Portugal, betreibt einen eigenen Catering Service und ist als Autorin und freie Journalistin tätig.

Ulf Großmann, geb. 1968, lebt als Autor und Herausgeber in Dresden.

Christl Hinner, geb. 1948, verschiedene Berufe, Hausfrau und Mutter und Autorin.

Bettina John, geb. 1959, arbeitet als Redakteurin eines Wirtschaftsfachblatts in der Nähe des Ammersees. Sie lebt dort mit zwei getigerten Katzen.

Norina John, geb. 1968, Physikstudium, schreibt gerne über Katzen, die mit verständigem Blick auf dem Schreibtisch liegende Papiere mit Formeln untersuchen.

Ruth Lisa Knapp hat Literaturwissenschaft studiert und verschiedene Berufe ausprobiert. Bücher und Katzen begleiten sie ihr Leben lang. Sie lektoriert Texte anderer Autoren und schreibt selbst welche.

Jens Kothe, geb. 1989, studiert an der RWTH Aachen Chemie. Interessiert sich für Fantasy, schreibt Kurzgeschichten und Gedichte.

Manfred Lafrentz, geb. 1957. Studium Orientalistik und Musikwissenschaft. Grafiker und Schriftsteller. Zahlreiche Veröffentlichungen von Kurzgeschichten in Anthologien und Magazinen sowie Beiträge für Rundfunksendungen.

Stefanie Lasthaus, Texterin, Naturfilmerin und freie Journalistin. Zu ihren Arbeiten zählen Romane und Kurzgeschichten, Drehbücher und Dokumentarfilme sowie Computerspiele.

Barbara-Marie Mundt, geb. 1950, Studium der Sozialpädagogik, lebt in Portugal, schreibt Prosa, Lyrik, Märchen, Erzählungen. Veröffentlichungen in Literaturzeitschriften, ferner ein Roman und ein Kinderbuch.

Jutta Nusch, geb. 1969, verheiratet, ein Sohn, schreibt Märchen und Theaterstücke. Ihre Leidenschaft gilt dem Tierschutz, Katzen und Krimi-Klassikern.

Susann Obando Amendt, geb. 1976, schreibt für Kinder und Erwachsene. Veröffentlichungen in Zeitungen, Zeitschriften und Anthologien.

Petra Sonnenschein, geb. 1942, Lehrerstudium, Studium der Philosophie, Autorin, Malerin, Poesiepädagogin, Veröffentlichungen im Eigenverlag und in Anthologien.

Sabine Stegmeyer, geb. 1961, Diplom-Ingenieurin, schreibt Kurzgeschichten und Erzählungen. Sie hat 2007 den Literaturwettbewerb der Aktion Mensch und des Börsenvereins des Deutschen Buchhandels gewonnen.

Sabine von den Benken, geb. 1960, Jurastudium, verheiratet, einen Sohn, eine norwegische Waldkatze. Beim Schreiben hatte sie den dicken Kartäuserkater ihres Vaters vor Augen.

Sascha-Irena Wilkesmann, geb. 1970 in Zug, Schweiz. Studierte Germanistik, Nordistik und Kunstgeschichte. Schreibt Gedichte, Geschichten und überarbeitet gerade ihren ersten Roman.

Carola Wolff, geb. 1962, Buchhändlerin, liebt das Lesen und das Schreiben, aber vor allem ihre beiden dicken, verfressenen, nichtsnutzigen Kater namens Charly und Floyd.

Der hinreißende Katzen-Klassiker von Paul Gallico

Paul Gallico

Miau sagt mehr als tausend Worte

128 Seiten

Hardcover 2009

ISBN 978-3-86671-057-3

»Ein bezauberndes und amüsantes Buch für Katzenfreunde!«
Miau & Co

Ein Schriftsteller und seine Katzen-Musen

Warren Chetham-Strode

Tootoo
Immer das letzte Wort

Ein Katzenroman

Illustriert von Sheila Hawkins
224 Seiten

Hardcover 2009

ISBN 978-3-86674-063-4

»Mary ist wirklich ganz lieb, nur manchmal ein bisschen naiv«, sagte Tootoo zu den anderen Katzen. Er war ein liebevoller kleiner Kater.

»Die sieben Miezen schaffen es immer wieder, ihre Besitzerin – und die Leser – in Erstaunen und Entzücken zu versetzen. Bestimmt werden auch Sie sich in dieses Büchlein verlieben – so wie wir hier in der Redaktion.« Geliebte Katze

Dame Wiggins und ihre sieben wunderbaren Katzen

Deutsch/Englisch,
32 Seiten, durchgeh. farbig illustriert
Halbleinen, fadengeheftet, 2009
ISBN 978-3-86671-053-5

Der berühmte englische Katzen-Klassiker von 1823 als zweisprachige Erstausgabe

Gerhild Tieger

Sind Katzen eifersüchtig?

99 weitere Fragen und 100 kluge Antworten

zu Katzenverhalten, Sprache, Gesundheit, Zusammenleben und die Liebe

160 Seiten,
durchgehend illustriert, mit mehr als 70 teils farbigen Fotografien
Hardcover 2008
ISBN 978-3-86671-049-8

»Nicht nur wegen der originellen Antworten ist der Ratgeber ein Genuss. Denn wie es sich bei diesem Thema gehört, ist er mit einer Fülle von entzückenden Katzenbildern illustriert.« Schwarzw. Bote

»Herzerwärmend anzusehen, kurzweilig zu lesen.« FAZ

Jürgen Christen

Musen auf vier Pfoten

Katzen und ihre Schriftsteller

Originalausgabe

128 Seiten, 2008

durchgehend illustriert

ISBN 978-3-86671-034-4

»Es ist eine Liebeserklärung an die Musen auf vier Pfoten, bezeugt von über 50 Schriftstellern, die ein besonderes Verhältnis zur Katze haben. ... Sie alle werden kurz porträtiert, ihre Katzenliebe mit Zitaten und bezaubernden Fotos dokumentiert.« Badische Zeitung

Gerhild Tieger (Hg.)

Literarische Katzengeschichten

160 Seiten, Hardcover

Erstausgabe 2008

ISBN 978-3-86671-050-4

»Ein amüsanter und gefühlvoller Reigen von kleinen und großen Hommagen machen den Geschichtenband zu einem echten Lesevergnügen. Man könnte schon fast beginnen, leise und genüsslich vor sich hin zu schnurren.« Informationsdienst für Bibliotheken